MAGIAS E ENCANTAMENTOS
Ciganos

MAGIAS E ENCANTAMENTOS
Ciganos

ELIZABETH DA CIGANA NÚBIA

MADRAS

© 2017, Madras Editora Ltda.

Editor:
Wagner Veneziani Costa

Produção e Capa:
Equipe Técnica Madras

Revisão:
Tânia Hernandes
Ana Paula Figueiredo
Liliane Fernanda Pedroso

**Dados Internacionais de Catalogação na Publicação (CIP)
(Câmara Brasileira do Livro, SP, Brasil)**

Núbia, Elizabeth da Cigana
Magias e encantamentos ciganos / Elizabeth da
Cigana Núbia. — 5. ed. — São Paulo : Madras, 2017.

ISBN 978-85-370-0345-9

1. Encantamentos 2. Magia cigana 3. Ocultismo
4. Rituais I. Título.

08-03521   CDD-133.44

Índices para catálogo sistemático:
1. Encantamento ciganos : Ocultismo 133.44

Proibida a reprodução total ou parcial desta obra, de qualquer forma ou por qualquer meio eletrônico, mecânico, inclusive por meio de processos xerográficos, incluindo ainda o uso da internet, sem a permissão expressa da Madras Editora, na pessoa de seu editor (Lei nº 9.610, de 19.2.98).

Todos os direitos desta edição reservados pela

MADRAS EDITORA LTDA.
Rua Paulo Gonçalves, 88 — Santana
CEP: 02403-020 — São Paulo/SP
Caixa Postal: 12183 — CEP: 02013-970 — SP
Tel.: (11) 2281-5555 — Fax: (11) 2959-3090
www.madras.com.br

AGRADECIMENTOS

Agradeço a Deus pelo sangue cigano que corre em minhas veias e em meu coração.

Agradeço pelo dom da minha vida, e por ter o merecimento de estar sempre acompanhada por este espírito que é cigano e se chama Cigana Núbia.

Agradeço a Deus pela espiritualidade que tenho e que tanto ajuda a mim, a minha família, a clientes e a amigos.

Agradeço a todos os espíritos ciganos que me auxiliaram nesta obra de amor e ensinamentos, que levará a todos um pouco de aprendizado e de ajuda para quem precisar.

Agradeço aos meus clientes e aos amigos queridos que tanto torcem pelo meu crescimento e minha felicidade.

Agradeço às minhas filhas Monaliza e Vanessa Aparecida, ao meu sobrinho Ricardo, meu marido Omar e à minha amiga Hercília Marques.

Agradeço também, de coração, ao meu grupo "Filhos dos Ventos nos Caminhos Ciganos", por estarem presentes em todos os momentos em que preciso e, principalmente, àqueles que estão comigo e que nunca se afastaram de mim por nenhum motivo.

Agradeço aos meus sobrinhos Rafael e Rômulo pela forte energia de amor e de carinho que me passam nos momentos em que mais preciso, com tanta compreensão.

Agradeço aos meus mentores espirituais, que estão sempre ao meu lado me dando força e proteção em todos os momentos de minha vida.

Agradeço às estrelas do céu, ao luar, à chuva, à terra, à água, ao calor do Sol, enfim, obrigada a toda a natureza.

Obrigada, meu Deus, pela minha VIDA que eu amo.

Eu, Elizabeth da Cigana Núbia, agradeço em especial aos meus amigos Neusa e Arakem, dois corações unidos pelos laços do amor, que, juntos, estão sempre me apoiando, ajudando-me e fazendo a minha vida se tornar cada vez mais linda.

Neusa, que, com seu olhar firme e seguro e sua docilidade no modo de falar, tem sempre um jeitinho especial para tornar as coisas mais fáceis para mim.

Uma amiga e um amigo que parece que Deus criou só para mim, moldados e feitos um para o outro, e que, com a força do amor que une seus corações, conseguem realmente ser os meus anjos da guarda nas horas em que preciso.

Dois amigos pelos quais jamais esquecerei de pedir a Deus por eles nas minhas orações de amor e de agradecimentos.

Neusa e Arakem, continuem sempre assim, ajudando a todos que os procuram, porque tenho certeza de que vocês dois são criaturas de Deus enviadas ao mundo para ajudar as pessoas, que, com amor e confiança, colocam em vocês a esperança de um amanhã mais feliz.

Obrigada por existirem e por fazerem parte da minha vida.

Eu amo vocês.

Índice

Oração à Santa Sara Kali 9
Oração à Cigana Núbia 11
Oração à Cigana Mercedes 13
Oração da Felicidade 15
Oração do Pai-Nosso 17
Orientações Antes das Magias 19
Magias de Amor 23
Banhos e Óleos 37
Óleos Encantados 47
Magias para Emprego 49
Magias para Crianças 53
Outras Magias 57
Presentes e Encantamentos para os Ciganos Espirituais 63
Magias para Prosperidade 67
Limpeza e Energização 77
Bebidas Afrodisíacas e Bebidas Ciganas 85
Seu Signo e suas Energias 91
As Velas 101
Manifesto à Chama Violeta 107
Incensos, Essências, Perfumes e seus Significados 109
Falando sobre Cores, Números e suas Energias 115
Chacras e Aplicações de Cristais 121
A Cura com os Cristais e como Energizá-los 125
As Forças da Natureza 131
Dicas Importantes 133

Oração à Santa Sara Kali

Santa Sara, minha mãe protetora, que estás sempre ao meu lado, eu te agradeço por todas as alegrias de minha vida, por eu ser uma pessoa tão feliz diante da misericórdia de Deus.

Peço-te que, pelas forças das águas, pelo brilho dos cristais, conserve em mim toda a alegria que sinto por ser tua protegida, e permitas, com tua proteção, que eu ajude a todos que me procurarem com uma palavra de amor e de carinho.

Que eu nunca seja ambiciosa ou mesmo vaidosa por receber de ti o carinho da fé que me faz forte e capaz de ajudar os que precisam, e que eu nunca deixe de ajudar os menos favorecidos, ensinando que pela fé tudo se consegue dentro do merecimento de cada um.

Estás sempre ao meu lado, Santa Sara, guiando-me, amparando-me e ensinando-me a cada dia como ajudar ao meu próximo.

Aquece-me com teu manto, reveste-me com tua grandeza.

Que o brilho das estrelas e da Lua possa iluminar os meus caminhos, a minha vida e a vida daqueles que em ti confiam.

Que o calor do Sol aqueça todos os corações com amor e que sejamos todos abençoados e iluminados com a luz do teu doce semblante. Amém.

Salve, Santa Sara Kali!

Elizabeth Núbia

Oração à Cigana Núbia

Minha Cigana Núbia, peço-te que, em nome de Deus, pela tua força, poder e bondade, proteja-me.

Ilumina os meus caminhos e ajuda-me por meio dessa luz a encontrar a paz que tanto procuro.

Traze-me o amor, a prosperidade, a felicidade, a saúde e o dinheiro.

Faze-me trilhar em solo firme e fértil.

Mostra-me o caminho da verdade na direção certa da realização de meus objetivos.

Ajuda-me em minhas necessidades, em nome de Deus e da força do povo cigano.

Cigana Núbia, que o brilho do teu olhar ilumine a minha caminhada.

Estende-me tuas mãos e caminhe sempre ao meu lado, para que todos possam ver e sentir em mim a tua presença em todos os instantes da minha vida. Assim seja.

Elizabeth Núbia

Oração à Cigana Mercedes

Cigana Mercedes, com teu olhar brilhante e forte que a todos encanta, com o barulho do teu pandeiro que anuncia a tua presença, com o brilho do teu punhal que carregas em tua cintura, traga para nós a tua alegria, o teu cantar, o teu bailar, o perfume das flores, para que nossas vidas se tornem tão belas quanto a tua presença.

Precisamos de saúde, de paz, de amor, de harmonia. Pedimos-te que interceda junto a Deus por nós, e que na noite de Lua Cheia, possas trazer para todos o brilho da vida e da prosperidade, envolvendo-nos com a força do amor cigano, para que sejamos todos felizes, mantendo em nossos corações a presença de um amor verdadeiro.

Passa o teu pandeiro de fitas sobre nossas cabeças e faze-nos sentir a tua força, tornando-nos fortes, corajosos, otimistas, para que assim tenhamos a certeza de um futuro feliz e próspero.

Que tenhamos nossa mesa farta, nosso corpo forte, saudável, e nossos corações sempre cheios de amor e de alegria.

Cigana Mercedes, pelo brilho das estrelas e da Lua, ilumina nossos caminhos e ajuda-nos a ser felizes, em nome de Deus e de Santa Sara Kali. Amém.

Elizabeth Núbia

Oração da Felicidade

Eu mereço ser feliz.

Tenho todo meu corpo perfeito e agradeço a Deus por poder sentir o perfume das flores, ver o colorido da vida, sentir o paladar do alimento que sustenta meu corpo, caminhar e ser livre para ir aonde eu quiser, pois minhas pernas são perfeitas.

Tenho amigos que me amam e posso sentir neles a alegria de quando nos encontramos.

Penso positivo, sou positiva, e sei que tudo posso a partir do momento em que acredito no que quero.

Sou grata a mim mesma pela fé que tenho na mais pequenina intuição dada a mim por Deus. Acredito que a cada dia eu melhoro um pouco mais, e por isso me valorizo pelas coisas boas que pratico.

Sou sincera, verdadeira, segura e tenho certeza de que meu amanhã será ainda mais lindo.

Eu amo me amar, pois sou criatura de Deus.

Sei que, às vezes, eu choro e fico triste, mas não tenho vergonha de mostrar que também sou sensível e é na minha sensibilidade que encontro a fé e a coragem de que preciso.

Não carrego comigo nenhum fantasma do passado, vivo meu presente como dádiva de Deus e espero tranquila um futuro feliz, porque a minha felicidade eu guardo nas mãos de Deus.

Tenho saúde, amor, amizades, trabalho, alegria, e sou merecedora do Poder Maior de Deus, que se manifesta em mim pela minha fé e meu amor.

Portanto, eu mereço ser feliz.

Obrigada, meu Deus, pelo dom da minha vida. Amém.

Elizabeth Núbia

Oração do Pai-Nosso

Nosso Pai, que estais em toda parte
Santificado seja o vosso nome
Em louvor de todas as criaturas
Assim na Terra
Como nos círculos espirituais.
O pão nosso
Do corpo e da mente, nos dai hoje.
Perdoai as nossas dívidas
Ensinando-nos a perdoar
Com o esquecimento de todo mal.
Não deixeis que venhamos a cair
Sob os golpes da tentação
Da nossa própria inferioridade
Livrando-nos do mal
Que ainda reside em nós mesmos
Pois só em Ti existe
A luz, a fé e a esperança
Para todos nós. Amém.

Orientações Antes das Magias

Estamos em um mundo de provas e expiações, e nada na vida acontece por acaso ou simplesmente porque queremos.

Desde que estamos no ventre de nossa mãe, já temos no grande livro de Deus as nossas tarefas para cumprir na Terra; portanto, nada é por acaso.

Existe uma coisa muito séria, na qual confio muito, que se chama DESTINO. Particularmente acredito que dele ninguém escapa, apesar de existir o livre-arbítrio, até porque tudo está escrito antes mesmo de nascermos.

Às vezes pedimos determinadas coisas a Deus, aos ciganos ou aos Orixás, e não somos atendidos. Muitos não entendem que eles, os espíritos, estão muito à nossa frente e, por isso, sabem o que realmente é melhor para nós. Esse é o motivo pelo qual nem sempre nos ouvem em determinados momentos em que rogamos ou pedimos alguma coisa.

É certo que, quando estamos com problemas difíceis de resolver, temos é claro que recorrer a Deus, aos nossos mentores espirituais, aos nossos Orixás, aos nossos ciganos espirituais; mas é necessário saber que só Deus pode fazer milagres, e que tudo tem de ser feito segundo a vontade d'Ele e não a nossa.

Será que seria melhor para nós se tudo que pedíssemos fosse atendido?

Tenho certeza de que não, pois o que é bom e melhor só Deus sabe. Por isso, todas as vezes que tivermos de fazer um pedido aos espíritos, seja qual for a Entidade, devemos dizer da seguinte forma:

"SE FOR PARA O MEU BEM E PELA VONTADE DE DEUS".

Essas palavras devem sempre ser ditas, tanto para pedidos, magias e simpatias para o bem – ou seja, para o nosso bem, como um caso de amor, de união, enfim, algo de que precisamos e que achamos que nos fará felizes –, como também para pedidos que fazemos, e que muita gente faz, por justiça ou para afastar alguém. Existem mil e uma formas de pedirmos algo a Deus e a tudo que pudermos; entretanto, é necessário saber que em tudo o que queremos para o nosso benefício, todos nossos sonhos e desejos, seremos atendidos desde que seja da vontade de Deus e do merecimento de cada um.

Devemos estar sempre com nossa consciência tranquila na certeza de que nosso dever foi cumprido. Costumo dizer que a melhor coisa que nos pode acontecer depois de um dia é deitar nossa cabeça no travesseiro com a consciência tranquila, pois assim teremos um bom sono. De tudo que fizermos nesta vida, com certeza vamos prestar contas diante do tribunal divino, e dele ninguém escapa. Portanto, devemos antes pensar muito para não nos arrependermos depois, e também não devemos adquirir dívidas com a espiritualidade.

Quando falo em não adquirir dívida com a espiritualidade, quero dizer que não devemos desejar mal a ninguém, pois tudo que de mal nos fazem Deus está vendo e, com certeza, Ele saberá como fazer justiça. Deste mundo, só levamos as boas obras que praticamos. Dos bens adquiridos com o dinheiro, como carros e tantas outras coisas materiais, tudo vai ficar, até mesmo o nosso corpo.

A grande bagagem de nossa volta à pátria espiritual é sem dúvida as boas obras que fizermos. Portanto, não esqueçam nunca de que uma pequena pedra que colocarmos para que alguém tropece e caia, pode até fazer alguém tropeçar, mas ela ficará no mesmo lugar até que tropeçamos nela, caiamos e a retiremos para que niguém mais caia.

A vida é assim: se, em tudo o que fizéssemos, pensássemos antes que amanhã é outro dia, viveríamos muito melhor. Mas somos todos passíveis de erros, somos fracos e, muitas vezes, somos induzidos a praticar muitas falhas.

Como este mundo é de provas e expiações, então vamos sempre rezar a Deus para que nos dê forças, e que sejamos todos bons uns para os outros, o mais que pudermos.

Nunca devemos fazer mal a alguém, maltratar o ser humano, mentir, pois a mentira é coisa de espíritos menos esclarecidos e que precisam de nossa ajuda.

Orientações Antes das Magias

Temos sempre de levar aos nossos irmãos a certeza de que cada um de nós é filho e criatura de Deus, e que ninguém é melhor que ninguém – somos todos iguais.

Diante dos olhos de Deus, o mendigo é simplesmente igual ao rei. Ninguém escapa de desencarnar, pois a única certeza que todos têm nesta vida é o desencarne, que chamamos de morte. Só que a morte não existe. Apenas o corpo que morre, pois o espírito continuará vivo no plano espiritual, e a vida, mesmo depois da morte, continua.

Este livro ensina como fazer magias e simpatias espirituais, mas quero deixar bem claro a todos, em primeiro lugar, que tudo só acontece, se for da vontade de Deus; e se, por momentos de fraqueza, deixamos que alguém nos prejudique, aí sim vamos recorrer aos nossos mentores, ou seja, recorrer às forças espirituais para que possamos, por direito e por justiça, ser ajudados.

Não esqueçam nunca que, para se fazer qualquer magia, é necessário ter muita fé em Deus e em si mesmo, pois a força de que precisamos está dentro de cada um de nós. Nunca devemos cobrar tempo da espiritualidade, pois tudo acontece na hora certa. Não devemos comentar o que fizermos, pois o sigilo é muito importante para que tudo aconteça da melhor forma. E a fé, a calma e o sigilo são os materiais mais importantes para que se possa fazer uma magia ou simpatia.

Antes de fazermos qualquer coisa que seja, com a ajuda da espiritualidade, é muito importante que tenhamos o nosso corpo limpo, o nosso coração cheio de certeza do que vamos fazer e a mente voltada totalmente para Deus.

Temos sempre de manter uma vela de sete dias acesa para o nosso anjo da guarda. O local onde faremos o trabalho, ou seja, a magia, tem de estar limpo, tranquilo e de preferência sem barulho. Se for magia cigana, o local, além de receber todos esses cuidados, deverá estar perfumado e incensado.

Para fazermos qualquer magia cigana, devemos sempre atentar para a fase da Lua, pois a Lua Minguante, por exemplo, é boa para afastar as energias negativas, como doenças, feitiçarias, etc.

A Lua Nova é maravilhosa para oferendas, pedir coisas novas em nossas vidas.

A Lua Crescente é a que traz a prosperidade, a colheita do que plantamos. Existe até um pedido que se faz na Lua Crescente – quando pegamos uma nota de valor, apontamos para a Lua e dizemos: "Lua de São Vicente, quando fores e voltares, traga-me mais desta semente".

Mas a Lua Cheia, em sua plenitude, é a melhor para se fazer toda e qualquer magia, principalmente se for para o amor. Portanto, prestem muita atenção nas fases da Lua antes de fazerem qualquer magia ou qualquer outro ritual que seja apenas para o bem.

Não devemos também mudar nada que estiver na receita por outra coisa parecida. Devemos seguir tudo direitinho, sem alterar nada, como por exemplo: material, dia, hora, Lua, lugar, cor, quantidades, etc.

Gostaria também de dizer que a nossa mente é uma das coisas mais importantes em nossas vidas, e, assim sendo, devemos estar com nossos pensamentos voltados para as coisas boas a todo instante, pois a força do pensamento, da nossa autoconfiança, da nossa fé, é muito necessária. Digo até que fundamental, para vencermos todos os obstáculos da vida e superarmos os problemas que possam atingir nossas metas e nossos ideais.

A mente deve trabalhar sempre em alta, ou seja, devemos pensar somente em coisas boas, desejar o bem a todos e nunca pensar em coisas ruins.

A nossa mente tem um poder muito grande e existe até uma magia que se chama "O Poder da Mente".

Essa magia, ou momento mágico, é feita pela mente, e o pensamento é como tinta que vai pintando aos poucos em nossa tela mental um quadro de tudo que quisermos ter ou ser, até que um dia, de tanto pensar na mesma coisa, eis que nos deparamos com tudo o que tanto desejávamos ter ou ser em uma perfeita realidade.

Pode demorar algum tempo, mas acontecerá um dia e eu tenho certeza do que digo. Tudo o que fixarmos em nossas mentes um dia, cedo ou tarde, acontecerá com certeza.

Outra coisa muito importante também para conseguirmos alcançar nossos objetivos é a paciência, a calma, a tolerância e o equilíbrio. Não adianta nenhum tipo de nervosismo, pois não facilitará nada; muito pelo contrário, pode até atrapalhar.

Bem, então vamos às nossas magias com muita atenção, fé, calma, otimismo, paciência, sigilo, equilíbrio e a certeza de que conseguiremos tudo de acordo com o merecimento de cada um.

Boa sorte!

Magias de Amor

PARA CONQUISTAR SEU AMOR

Pétalas de uma rosa amarela
Arroz branco
1 papel de seda
1 prato de papelão
Cola branca
1 coração de cera pequeno
Os nomes

COMO FAZER

Desenhe a lápis um coração no papel de seda, passe cola branca por cima e cole as pétalas das rosas amarelas. Escreva em um papel sem pauta os nomes dos enamorados ou de quem você quer conquistar. Cubra com o arroz e coloque por cima o coração de cera com os nomes escritos também no coração com palito de dentes.

Ofereça aos mestres do amor, pedindo que, se for para a felicidade dos dois, esse amor aconteça com a união de ambos.

Coloque tudo no prato de papelão e entregue ao tempo, em um jardim, em uma noite de Lua Crescente, antes das 21 horas.

Cigana Núbia

PARA UNIÃO

1 foto 3x4 de cada uma das pessoas que se quer unir
Açúcar cristal
1 taça (se possível de cristal)
2 velas cor-de-rosa
7 incensos de lírios
6 fitas coloridas (2 rosa, 2 amarelas e 2 azuis, de 7 centímetros cada).

COMO FAZER

Lave e incense a taça. Coloque as fotos dentro da taça, de frente para você, e as fitas com a metade para fora, "penduradas".

Cubra com açúcar e acenda as velas bem juntinhas, perto da taça, escrevendo em cada uma os nomes do casal com palito de dentes.

Ofereça às ciganas encantadas do amor e guarde por sete semanas, em local alto, forrado com um lenço e tomando cuidado para que todos os dias se faça uma prece para a união dos anjos da guarda do casal.

Cigana Núbia

PARA UNIR UM CASAL DE NAMORADOS

3 velas de sete dias azuis
3 velas de sete dias cor-de-rosa
1 taça de cristal
Água mineral
Açúcar
Os nomes do casal escritos em papel de seda a lápis

COMO FAZER

Em uma terça-feira de Lua Nova, acenda uma vela azul e uma vela rosa. Coloque água mineral na taça com bastante açúcar e os nomes escritos a lápis no papel de seda. Diga: "Assim como eu adoço esta água, eu adoço o coração de 'fulano' para que seu amor se renove por mim ou por 'fulano'".

Na Lua Crescente, acenda outra vela azul e outra rosa e diga: "Que as chamas destas velas acendam e façam crescer o amor de 'fulano' por mim".

Na Lua Cheia, acenda a última vela azul e a vela rosa, preencha a taça com água mineral e açúcar e diga o seguinte: "Que no coração de 'fulano' reacendam as chamas do seu amor por mim e que ele se encha de alegria e de felicidade, até mesmo em pensar em mim, e que os nossos anjos da guarda nos unam para sempre". Depois de 21 dias, jogue tudo o que sobrou das ceras das velas no pé de uma árvore bem bonita ou em um jardim.

Observação importante: na primeira oportunidade, ofereça a ele água ou vinho naquela taça, na qual os dois deverão beber juntos a mesma bebida.

Cigana Núbia

PARA ENCANTAR SEU AMOR

1 coração de cera
1 par de alianças
70 centímetros de fita azul
70 centímetros de fita branca
1 foto 3x4 sua e 1 dele
1 prato branco
Pétalas de 3 rosas: amarela, rosa e branca
1 vidro de mel
2 velas de sete dias brancas.
1 taça com água
Açúcar
1 papel de seda

COMO FAZER

Vire as fotos de frente uma para a outra e coloque-as dentro do coração. Lave o prato, incense-o e coloque o coração no meio dele. Escreva seu nome e o da pessoa nas duas fitas seis vezes a lápis.

Amarre as fitas nas alianças dando sete nós, dizendo o seguinte: "Assim como amarro estas alianças, estou amarrando 'fulano' a mim". Coloque em cima do coração de cera, cubra tudo com as pétalas de rosas e regue com mel fazendo todos os seus pedidos de amor e amarração. Acenda as duas velas juntinhas, oferecendo aos anjos da guarda dos dois.

Coloque a taça com água, açúcar e os nomes dos dois escritos a lápis em papel de seda. Deixe em lugar propício por sete dias e depois coloque em um local bastante florido, de preferência em uma noite de Lua Crescente.

Cigana Núbia

PARA O AMOR

1 maçã bem vermelha

1 foto 3x4

1 coração de cera

2 velas

1 pote transparente

1 pires

Açúcar

COMO FAZER

Lave o pote, forre o fundo com açúcar e reserve-o. Acenda as duas velas bem juntinhas, com o nome dele escrito com palito de dentes em uma das velas, e na outra escreva o seu nome.

Ofereça aos anjos da guarda dos dois. Coloque a foto em cima do coração de cera e dentro do pote. Coma a maçã com o pensamento fixo nele, como se estivesse em sua frente. Quando as velas apagarem, guarde o pote em cima de um pires em um lugar escondido, por tempo indeterminado.

Cigana Núbia

PARA QUE O AMOR SEJA TRANSPARENTE

1 vela azul

1 vela rosa

1 vela vermelha

1 taça de cristal

1 cristal transparente

1 prato branco

Açúcar cristal

Água mineral

Os nomes dos apaixonados

COMO FAZER

Coloque na taça os nomes dos dois, o cristal em cima, a água e o açúcar, e ponha a taça no meio do prato.

Acenda as velas rosa e azul juntinhas, com o nome dele escrito com palito de dentes na vela azul e o seu nome escrito na vela rosa.

Na frente das duas velas unidas, acenda a vela vermelha só com o seu nome escrito.

Cigana Maria Teresa

PARA ENFEITIÇAR SEU AMOR

1 taça de cristal
1 garrafa de vinho de boa qualidade
1 pequeno cacho de uvas
1 vela de três dias
1 pires transparente
1 rosa amarela
Nomes dos enamorados escritos a lápis em papel de seda branco.

COMO FAZER

Compre todo o material na Lua Crescente. Lave e incense a taça. Coloque-a em cima do pires, que também deverá estar lavado e incensado.

Escreva os nomes dos enamorados e coloque no fundo da taça. Lave o cacho de uvas, beije-as e coloque na taça, dizendo o seguinte: "Alimentarei meu amor com as uvas da sedução". Acenda a vela do lado direito da taça e ponha a garrafa fechada do lado esquerdo. Quando a vela apagar, retire o cacho de uvas da taça e, com jeitinho, sirva as uvas com o vinho a seu namorado, tomando o cuidado para que tomem todo o vinho em uma só taça, ou seja, na mesma taça em que foi feita a magia. Se puder, pegue algumas sementes daquelas uvas para fazer um patuá, enrolando-as em sete pétalas de rosa amarela para os dois.

Cigana Núbia

MAGIA PARA ENCANTAR UM AMOR

2 ovos
2 alianças
30 centímetro de fita azul
30 centímetro de fita rosa
2 pires grandes
2 velas amarelas
Açúcar cristal

COMO FAZER

Em uma noite de Lua Nova para Crescente, coloque duas gemas de ovos em um pires, bata as claras em neve, coloque em outro pires e polvilhe com açúcar cristal.

Escreva os nomes dos enamorados nas pontas das fitas, amarre-as nas alianças e deposite sobre as claras. Acenda as duas velas bem unidas e ofereça aos anjos da guarda dos dois, pedindo e oferecendo essa magia à deusa do amor, Mamãe Oxum, para que ela abençoe a união. Que aquelas gemas do pires representem os olhos do seu amor somente para você.

Cigana Núbia

MAGIA DA TAÇA PARA O AMOR

3 maçãs vermelhas grandes
1 cacho bem grande de uvas verdes
3 velas vermelhas de 7 horas
1 par de alianças
1 vela azul
1 vela rosa

1 garrafa de vinho
1 pires
3 incensos de lírio
1 lenço de seda vermelho triangular
3 rosas vermelhas sem cabo
1 taça de cristal
Mel
1 punhal

COMO FAZER

Forre o chão com o lenço triangular e deixe uma das pontas virada para você. Corte as maçãs na horizontal e escreva na parte de baixo o nome dele e na parte de cima o seu nome com a ponta do punhal.

Regue com bastante mel e feche novamente. Faça um buraco em cima de cada uma e coloque uma rosa vermelha sem cabo. Deposite uma maçã em cada ponta do lenço, acenda uma vela vermelha à direita de cada uma e finque um incenso ao lado de cada maçã.

Coloque no meio do lenço o cacho de uvas verdes. Sirva o vinho na taça e coloque em frente ao cacho de uvas. Acenda a vela rosa e a azul bem unidas à direita da taça, escrevendo na vela azul o nome dele e na vela rosa o seu nome com um palito, e firme-as no pires.

Pegue as alianças, entrelace-as e jogue dentro da taça de vinho. Se as alianças não forem abertas, amarre-as com um pedaço de fita vermelha. Ofereça esta magia às ciganas encantadas do amor, pedindo a união do casal e prometendo fidelidade e amor. Faça todos os seus pedidos. Depois de três dias, coloque as frutas em um jardim bem bonito. Jogue o vinho da taça em água corrente e guarde as alianças em sua gaveta.

Quando estiverem juntos, tome o vinho na mesma taça, mentalizando a união e o casamento dos dois. Ao tomar o vinho, é muito importante que você fixe seus olhos nos olhos dele.

Cigana Núbia

PARA RESOLVER UM AMOR INDECISO

1 vela amarela, 1 rosa e 1 azul
1 coração de papel branco
1 rosa amarela
1 caixa de incenso

COMO FAZER

Em uma noite de Lua Crescente, vá até a beira da praia, coloque o coração feito em papel branco na areia e cubra-o com as pétalas amarelas. Acenda as velas em forma de triângulo com o coração no meio e todos os incensos acesos em volta, dizendo o seguinte: "Mamãe Iemanjá, abençoe a minha união com 'fulano'. Fazei com que possamos ser felizes juntos e que sejamos abençoados. Que a fumaça deste incenso leve até os céus os meus pedidos de amor. Mas, se por acaso não for para a nossa felicidade, mostre-me então o caminho a seguir, ajudando-me a tirá-lo da minha mente".

Fique por um tempo ali e depois se retire na certeza da solução desse amor indeciso.

Cigana Núbia

PARA TER SORTE E ARRUMAR UM NAMORADO

1 imagem de Oxum, N. S. Aparecida ou N. S. da Conceição
1 vela de sete dias amarela
1 rosa amarela
3 pedaços de fita amarela, de 70 centímetros cada
1 prato branco grande

COMO FAZER

Segure a imagem nas mãos e diga com muita fé o seguinte: "Minha Mãe Oxum, deusa do amor, senhora da minha felicidade, peço-te que me dê sorte de encontrar um homem bom, que possa me amar e ser amado por mim. Dê-me esta sorte para que eu possa construir a minha família".

Coloque a imagem no prato, acenda a vela em frente e coloque a rosa deitada na frente da vela. Pegue as fitas, junte-as e faça uma rodilha em volta do prato, por fora. Se tiver o nome da pessoa, coloque nos pés da santa.

Esta magia deve ser repetida por três semanas consecutivas.

Cigana Núbia

PARA CONSERVAR E FORTALECER UMA UNIÃO

1 maçã
1 prato branco
1 rosa vermelha sem cabo
1 vela rosa
1 vela azul

COMO FAZER

Corte a maçã na horizontal e escreva o nome do seu amado ou amada na parte de baixo da maçã e o seu nome na parte de cima. Faça isso com a ponta de um punhal ou com uma faca afiada.

Coloque bastante mel e feche a maçã. Faça um furinho em cima dela e coloque a rosa vermelha sem cabo. Em seguida, coloque-a no meio do prato branco. Regue com mais mel, colocando também no miolo da rosa. Acenda as velas bem juntinhas na frente da maçã dentro do prato. Antes de acender as velas, escreva o seu nome na vela rosa e o nome dele na vela azul.

Esta magia deve ser feita somente por pessoas que já têm seu amor e pretendem apenas conservá-lo na paz e com muita harmonia.

Cigana Núbia

MAGIA DE AMOR PARA UNIR MARIDO E MULHER

21 velas azuis
21 velas rosa
21 velas amarelas
1 foto do casal (a foto deverá ser do tamanho de uma caixa de sapatos)
1 par de alianças
1 metro de fita azul, rosa e amarela
1 coração de cera
1 ninho de passarinho
1 caixa de sapato vazia
1 peça de roupa íntima do casal
1 prato grande de louça branca
1 taça de cristal transparente
Pétalas de rosas de todas as cores
Pó-do-amor

COMO FAZER

Incense a caixa de sapatos, salpique um pouco do pó-do-amor. Arrume no fundo da caixa as peças de roupas íntimas do casal e coloque por cima o ninho de passarinho, com as alianças dentro do ninho amarradas com as três cores de fitas. Escreva no coração de cera os nomes dos dois com palito de dentes e coloque ao lado do ninho.

Cubra tudo com a foto do casal e consagre esta união com as pétalas de rosas e, por último, o pó-do-amor. Peça a união dos dois, acendendo durante 21 dias, no mesmo horário, as velas rosa e azul, escrevendo na vela rosa o seu nome e na azul o nome dele com palito de dentes.

Una as velas, acendendo as duas ao mesmo tempo. Fixe-as em um prato branco e na frente delas acenda a vela amarela pedindo à deusa do amor, Mamãe Oxum, as bênçãos para a união do casal. Na frente do prato, coloque uma taça de cristal com água açucarada. Se necessário, vá preenchendo a taça com água.

Guarde sempre esta magia de amor para manter a união sempre em harmonia.

NOTA: Esta magia só pode ser feita por casais "casados".

Cigana Mayara

MAGIA DA ESTRELA DE 5 PONTAS

ATENÇÃO: Esta magia somente poderá ser feita no quinto dia da Lua Crescente, sem chuva, em local limpo, forrado com um lenço colorido, tomando o cuidado de fixar bem as velas para não tombarem.

1 lenço grande colorido

1 tacho de cobre

1 folha de papel-manteiga

1 pires do tamanho do fundo do tacho

1 pedaço de papel-manteiga do tamanho do pires

6 pedaços de 70 centímetros de fitas coloridas

1 metro de fita vermelha

1 maçã vermelha

1 vidro de mel

1 rosa vermelha sem cabo

2 taças de cristal

1 garrafa de vinho de boa qualidade

1 vela azul
1 vela rosa
1 vela vermelha
1 quilo de arroz branco
Água mineral
Muitas pétalas de rosas coloridas

COMO FAZER

Lave bem o tacho e enxugue-o. Desenhe uma estrela de cinco pontas no pedaço de papel-manteiga e escreva no meio os nomes dos dois enamorados. Forre o tacho todo com o papel-manteiga e coloque no fundo o desenho da estrela. Arrume os seis pedaços de fitas coloridas com a metade para fora do tacho e coloque por cima o pires.

Corte a maçã, tirando a tampa de cima, escreva o nome dele na parte de baixo e o seu nome na parte de cima. Regue com bastante mel e coloque de novo a tampa. Arrume a maçã no centro do pires e regue de novo com mel, enfeitando-a com a rosa sem cabo. No meio do miolo da rosa, ponha um papel com os nomes dos dois escritos a lápis em papel-manteiga.

Salpique o arroz branco em volta da maçã no sentido horário e cubra com o restante do mel, enfeitando com bastantes pétalas de rosas coloridas. Em frente ao tacho, acenda as velas rosa e azul. Com um palito de dentes, escreva o nome dele na vela azul e o seu na vela rosa. Em frente as duas velas unidas, acenda a vela vermelha.

Coloque o vinho em uma taça e a água mineral em outra. Amarre as duas taças com a fita vermelha, dando um belo laço. Depois de sete dias, você deverá levar tudo a um lindo jardim que tenha muitas flores. O vinho e a água das taças deverão ser misturados enquanto diz as seguintes palavras: "Assim como eu uno a água e o vinho, eu uno meu coração ao coração de 'fulano', pela vontade de Deus e a nossa, e jamais o nosso amor perderá o brilho que sustenta nossas vidas. Amém".

Cigana Núbia

Banhos e Óleos

Antes de começar um tratamento com banhos de ervas, tome o cuidado de procurar casas especializadas para a compra das ervas, que devem ser frescas e verdes. Melhor ainda se forem colhidas por você.

Elas devem ser colhidas ou compradas em uma Lua favorável, como por exemplo a Lua Nova, Crescente ou nos três primeiros dias da Lua Cheia. Se forem colhidas por você, tome o cuidado de que seja até às 6 horas da manhã.

Todos os banhos deverão ser tomados em qualquer dia, menos no dia de segunda-feira.

ATENÇÃO

Algumas ervas não devem ser jogadas da cabeça aos pés, mas do pescoço para baixo. Sempre que as ervas forem verdes, macere-as. No caso de ervas secas, ferva a água, desligue o fogo e coloque-as abafando e deixando um tempo em infusão.

Antes de qualquer banho de ervas ou essências e especiarias, tome um banho comum nas primeiras horas da manhã (até as 6 horas) e com bastante tranquilidade, mentalize somente coisas boas.

Não é necessário grande quantidade de ervas, apenas o suficiente para encher um copo.

E atenção para a fase da Lua, não esquecendo também que todos os banhos deverão ser coados, sendo que os resíduos do que sobrou, dvem ser levados para o pé de uma árvore bem bonita ou um jardim limpinho. Nunca jogue nada no lixo.

Após tomar o banho, procure manter o conteúdo no corpo o máximo que puder, tendo o cuidado de vestir roupas claras, de preferência brancas.

BANHO CIGANO DA SORTE E DA PROSPERIDADE

Todo nascimento de uma criança cigana significa o recomeço, a continuação de uma família e a certeza de que suas tradições não se vão perder no tempo. Por isso, é motivo de festa e de muitas alegrias. A criança é logo apresentada à Mãe Lua, à qual se pede ajuda para criá-la. A mãe é sempre a responsável pela educação da criança, permitindo que ela viva intensamente a sua infância. Antes mesmo de uma semana, é providenciado um banho para o recém-nascido, a fim de que ele tenha muita sorte, saúde e prosperidade.

Esse banho é sempre feito em um tacho ou em uma bacia, em que se mistura água limpa, de preferência de mina, um pouquinho de vinho, flores naturais, ervas aromáticas, gotas de suave perfume, um pouco de mel ou açúcar, uma pitadinha de sal e peças de ouro e prata. (A criança é banhada com muito carinho. Enquanto isso, faz-se uma prece para a sua boa sorte.)

BANHO DE ATRAÇÃO

2 litros d'água
1 punhado de erva-doce
6 folhas de louro
1 rosa vermelha

1 rosa amarela
1 rosa rosa

COMO FAZER

Ferva dois litros de água com um punhado de erva-doce, um punhado de açúcar e seis folhas de louro.

Desligue o fogo e acrescente as pétalas das rosas vermelha, amarela e rosa. Abafe o banho e deixe esfriar. Coe, e tome o banho da cabeça aos pés. Não se enxugue, deixe secar naturalmente.

Depois do banho, usar *lingerie* vermelha.

BANHO DE LIMPEZA

Ervas de desata-nó, vence-demanda, abre-caminhos
1 vela de sete dias branca

COMO FAZER

Macere todas as ervas se as folhas estiverem verdes, caso contrário, ferva a água e coloque as folhas secas e deixe por 2 horas. Tome o banho do pescoço para baixo, enrole-se em uma toalha limpa e depois se vista com roupas claras. Logo em seguida, acenda a vela de sete dias, oferecendo a seu anjo da guarda, fazendo seus pedidos de proteção e abertura de caminhos

BANHO COM CRISTAIS

1 garrafa de água mineral de 2 litros
1 pote transparente ou um jarro
3 cristais de quartzo rosa
3 cristais límpidos
1 vela azul

COMO FAZER

Em uma noite de Lua Crescente, com o céu bem estrelado, lave o jarro, incense-o e coloque os cristais depois de energizá-los.

Em seguida, coloque a água mineral e deixe no sereno. No dia seguinte, às 6 horas da manhã, retire os cristais e tome o banho da cabeça aos pés. Seque-se em uma toalha limpa e vista roupas brancas de preferência de seda.

Use perfume de jasmim e acenda uma vela azul, pedindo aos Mestres o encanto e a beleza da atração.

Cigana Núbia

BANHO PARA A BELEZA FÍSICA

3 velas amarelas
2 rosas rosadas
2 rosas vermelhas
2 rosas amarelas
1 concha do mar "grande"
1 caida de incenso "floral"

COMO FAZER

Vista-se com uma roupa branca solta no corpo e vá a uma cachoeira. Arrume um local onde possa acender três velas amarelas em forma de triângulo. Perfume as águas do local onde vai se banhar, e comece primeiro um banho com pétalas de rosas: duas rosas rosa, duas rosas vermelhas, duas rosas amarelas.

Jogue as pétalas no corpo delicadamente e bem devagar. Depois, mergulhe o corpo até a cintura três vezes e depois vá pegando a água com uma concha do mar e molhe todo o corpo. Tudo com bastante calma e delicadeza e com o pensamento voltado para as coisas mais lindas da vida, imaginando ser a mais bela criatura do mundo.

Depois de tudo feito, saia do local em que se banhou e sente-se em um lugar confortável para meditar um pouco, acendendo em sua volta uma caixa de incenso de jasmim, de dama-da-noite ou de qualquer outro floral.

Cigana Núbia

BANHO DE SEDUÇÃO PARA HOMENS

3 punhados de açúcar
1 pacotinho de erva-doce
2 litros d'água
1 molho de manjericão
1 cravo vermelho
Essência de sândalo
1 pedra de anil

COMO FAZER

Ferva tudo em dois litros d'água como se fosse um chá. Apague o fogo, acrescente as folhas verdes de manjericão e as pétalas do cravo vermelho e abafe. Depois de algum tempo, coe e coloque um pouco de essência de sândalo e um pouco de anil.

Tome o banho da cabeça aos pés e tenha o cuidado de deixar o corpo secar naturalmente.

Cigano Caio

BANHO PARA TIRAR CARGAS NEGATIVAS E PESO NO CORPO

Guiné
Macaçá ou catinga-de-mulata
Abre-caminhos
Desata-nó
Vence-demanda
Alecrim
Aroeira
1 vela de sete dias branca

COMO FAZER

Tome este banho do pescoço para baixo, tendo o cuidado de acender um incenso de cânfora no banheiro.

Após o banho, vista-se com roupas claras e acenda uma vela de sete dias branca para o seu anjo da guarda. De preferência, repita este ritual 21 dias depois. Após o banho, recolha as ervas usadas e deixe-as secar ao Sol. Quando secas, vá a um lugar apropriado e faça uma fogueira. Coloque nela as ervas dos banhos, enquanto diz estar queimando todo o mal que estava no seu corpo e nos seus caminhos.

Cigana Zingra

BANHO PARA TER EQUILÍBRIO

Manjericão
Elevante
Malva

COMO FAZER

Tome este banho da cabeça aos pés, de preferência em uma sexta-feira. Você vai se sentir muito bem e bastante calmo.

Cigano Ramires

BANHO PARA SE ACALMAR

Erva-de-colônia
Açúcar
2 litros de água

COMO FAZER

Ferva a água e coloque a erva e o açúcar. Deixe em infusão durante um tempo e tome o banho da cabeça aos pés.

Este banho deverá ser tomado só por mulheres quando se sentirem muito nervosas.

BANHO E MAGIA PARA CONQUISTAR UM FORTE AMOR

2 litros d'água
1 maçã bem vermelha
Pétalas de rosas vermelha, rosa e amarela
1 vela azul
1 vela rosa

1 vela amarela
1 prato de louça branco
1 taça de cristal
Essência de verbena
Água de chuva ou de cachoeira
Água de laranjeiras
Os nomes

COMO FAZER

Ferva dois litros d'água, apague o fogo e coloque todos os ingredientes, deixando a essência por último. Tenha o cuidado de ralar a maçã com casca e todo o restante dela. Abafe e deixe em infusão. Coe e coloque então a essência de verbena. Se quiser, tome o banho da cabeça aos pés. Não se enxugue. Enrole-se em toalha limpa e deixe secar naturalmente. Vista uma *lingerie* vermelha e uma roupa bem bonita, com o cuidado de não usar a cor preta de maneira alguma. Perfume-se com uma essência esotérica, de preferência a verbena. Acenda as velas rosa e azul, escrevendo na vela rosa o seu nome e na vela azul o nome do homem. Junte as duas velas e acenda-as ao mesmo tempo. Coloque-as no prato, pedindo a Deus a união dos anjos da guarda do casal. Na frente das duas velas, acenda a vela amarela e ofereça a Mamãe Oxum, pedindo a ela toda a proteção e encanto para conquistar o amor da pessoa. Do lado direito, coloque a taça com água de chuva ou cachoeira com duas colheres de café de água de laranjeiras e os nomes.

Mentalize e boa sorte.

Cigana Núbia

BANHO PARA TER MUITA SORTE E PROSPERIDADE

1 jarro de vidro transparente
6 folhas de louro
6 pedaços pequenos de canela em pau
6 cravos sem a bolinha
1 cristal branco transparente canalizador com duas ou mais pontas
3 punhados de arroz branco
Todas as peças de ouro possível

COMO FAZER

Em uma noite de quarta-feira de Lua Crescente, às 23 horas, prepare este banho, colocando tudo dentro do jarro, e deixe-o no sereno.

No dia seguinte, retire as peças de ouro e o cristal e guarde-os. Coe o restante e faça uma trouxa, que deverá ser levada para uma árvore frondosa. Tenha o cuidado de amarrá-la em um dos galhos.

ATENÇÃO: Este banho deverá ser feito na hora e dia certos, respeitando também a fase da Lua.

Cigana Núbia

Óleos Encantados

ÓLEO DE SEDUÇÃO PÓS-BANHO

1 vidro de óleo pós-banho de boa qualidade
1 vidro de essência de verbena
1 vidro de essência de dama-da-noite
10 gotas de essência de ilangue-ilangue
1 vidro de perfume de bota (espécie de peixe)
7 pétalas de rosa vermelha

COMO FAZER

Faça este preparo na Lua Nova ou Crescente. Abra o vidro de óleo, retire um pouco e acrescente todas as essências, as pétalas de rosa e o perfume de bota. Deixe o vidro fechado no sereno, tomando a luz da Lua e depois a do Sol, até o meio-dia.

Com o restante das pétalas, tome um banho. Este óleo é de uso pessoal.

ÓLEO PÓS-BANHO PARA NAMORAR

1 vidro de óleo de boa qualidade
3 cravos sem a bolinha
1 pedacinho de anis-estrelado
1 essência de almíscar
1 pedaço pequeno de canela em pau
1 flor de jasmim

COMO FAZER

Tire um pouquinho do óleo do vidro para que não ultrapasse da medida. Moa ou soque a canela, o cravo e o anis-estrelado e coloque dentro do vidro juntamente com a essência.

Misture tudo muito bem, abra o vidro de novo e faça uma oração aproximando o vidro de sua boca. Depois coloque a flor de jasmim.

Deixe por três dias na Lua Crescente e depois use-o. Esta mistura é infalível para uma bela noite de amor.

Boa sorte!

Elizabeth Núbia

Magias para Emprego

ATENÇÃO

Uma pessoa que está sem trabalho nunca deverá dizer que está desempregada, mas sim "disponível".

Deverá manter o pensamento sempre positivo e se imaginar muito bem vestida, com a carteira cheia de dinheiro, pois isso ajuda.

Faça as magias com fé e amor, mas nunca cruze os braços; esteja sempre ocupado, fazendo tudo aquilo que antes não tinha tempo de fazer. Assim seu tempo livre será mais proveitoso.

É necessário também procurar saber se há algum problema espiritual que por ventura esteja atrapalhando a vida da pessoa. Pode-se saber isso por meio de jogos de baralho cigano, dados, moedas, búzios, etc.

Se realmente for o caso, é preciso então uma limpeza, um tratamento espiritual para que somente depois se possam fazer magias para abertura de caminhos e emprego.

PARA SEGURAR SEU EMPREGO

1 pirâmide de cristal
21 folhas de louro
21 moedas correntes
1 tacho pequeno de cobre ou metal

COMO FAZER

Lave o tacho com água corrente e em seguida com água açucarada. Incense-o com um incenso de limpeza, de preferência de eucalipto. Coloque em volta do tacho as folhas de louro no sentido horário.

Por cima das folhas, coloque também no sentido horário as moedas, e no meio fixe a pirâmide, dizendo o seguinte: "Aqui está a minha segurança e o meu equilíbrio dentro do meu emprego". Deixe no local de trabalho tendo o cuidado de trocar de 12 em 12 meses. Ao trocar, lave o tacho de novo, seguindo toda a orientação da vez passada. Troque apenas as folhas de louro e deixe-as ao pé de uma árvore bem bonita.

Esta magia deve ser feita somente na Lua Crescente.

Cigana Rosália

PARA CONSEGUIR UM EMPREGO

1 prato grande de barro
1 pedra que caiba no prato
1 chave velha
7 velas marrom
1 cerveja preta
1 copo para servir a cerveja

COMO FAZER

Você deverá ter em mãos alguns documentos do local em que deseja trabalhar e com o qual já tenha tido contato. Em uma quarta-feira de Lua Nova, Crescente ou nos três primeiros dias da Lua Cheia, vá até o seu quintal, varanda ou área de serviço, onde possa ter um cantinho limpo para colocar o prato depois de lavado e incensado.

Coloque a pedra no meio do prato e debaixo da pedra o endereço, nome da firma e até o nome da pessoa que possa vir a contratá-lo para o trabalho. Coloque a chave em cima da pedra, dizendo: "Meu Pai Xangô, peço-te justiça, proteção e a tua intercessão junto a Deus para que a chave do teu poder abra as portas desta empresa para que eu possa trabalhar nela".

Abra a garrafa de cerveja, sirva no copo, acenda a vela e reze um pai-nosso e uma ave-maria. Faça durante sete dias seguidos, mantendo o mesmo horário e acendendo uma vela por dia em cima da pedra. Deixe a garrafa ao lado do prato.

Depois de conseguir o seu desejo, mantenha sempre a pedra, o prato e a chave para a sua própria segurança. Não conte a ninguém.

Elizabeth Núbia

PARA TER SEGURANÇA NO TRABALHO

1 Figa de guiné
Incenso de alecrim
7 cravos-da-índia sem a bolinha

COMO FAZER

Compre uma figa de guiné do tamanho do seu dedo mindinho e lave-a em bastante água corrente. Incense-a com incenso de alecrim. Logo após, faça um chá com um copo d' água e sete cravos-da-índia sem a bolinha.

Mergulhe a figa no chá e deixe por alguns minutos. Deixe secar naturalmente na luz da Lua Crescente e do Sol até as 11 horas do dia seguinte.

Leve a figa para o trabalho, coloque dentro de uma gaveta e diga o seguinte: "Esta figa representa a minha segurança neste meu local de trabalho, onde vou progredir cada vez mais e ganhar meu dinheiro, que será abençoado". De vez em quando, pegue a figa nas mãos e repita as palavras acima. Se por acaso você a perder, faça tudo de novo.

MAGIA DE SANTO ONOFRE PARA ARRUMAR UM EMPREGO

1 copo
1 pouco de aguardente
1 imagem de Santo Onofre
1 pouco de pó de café
3 fatias de pão
1 prato branco de louça

COMO FAZER

Em uma segunda-feira de Lua Nova ou Crescente, compre uma imagem de Santo Onofre e coloque dentro de um copo virgem com um pouco de aguardente. Coloque o copo no meio do prato e ao lado as três rodelas de pão e um pouco de pó de café. Ofereça a Santo Onofre, pedindo a ele um emprego o mais rápido possível e prometendo deixá-lo sempre dentro daquela aguardente.

No sétimo dia, jogue tudo em água corrente e, assim que estiver empregado, encha novamente o copo de aguardente e coloque de novo a imagem dentro, pedindo segurança no seu trabalho.

Enquanto não estiver empregado, traga a imagem do Santo Onofre dentro da sua carteira.

Tia Fé

Magias para Crianças

PARA A CRIANÇA FALAR RÁPIDO OU PARA A QUE TEM DIFICULDADE DE FALAR

Quando notar que seu filho está com dificuldades de falar, vá até onde haja pintinhos de galinha bem novinhos e amarelinhos. Pegue um com cuidado, mas bem firme, e leve-o próximo à boca da criança. Aperte-o até ele piar. Logo em seguida solte-o.
Seu neném vai falar rapidinho.

PARA A CRIANÇA TER SORTE NA VIDA

1 folha de papel vegetal
Lápis de cor
7 fitas coloridas (menos preta e marrom)
7 velas coloridas (menos preta e marrom)

COMO FAZER

Desenhe no papel vegetal sete estrelas de cinco pontas, um sol e uma lua. Faça desenhos de nuvens como se fosse um céu. Da esquerda

para a direita, desenhe um arco-íris com as sete cores e escreva em toda a extensão do papel o nome da criança. Escreva também em volta de todo o papel as palavras: saúde, fé, amor, união, alegrias, felicidades, paz, dinheiro, sorte, fidelidade, humildade, coragem, confiança, equilíbrio, liderança, bondade, vitória, segurança, vida. Faça tudo em noite de Lua Crescente e apresente à grande Mãe Lua o mapa da vida desta criança, pedindo tudo de maravilhoso para ela. Faça um canudo, amarre com as fitas coloridas e acenda as velas em forma de triângulo com o canudo no meio. Ofereça aos mestres do Universo, pedindo proteção para a criança. Depois guarde em uma gaveta em um lugar bem escondido.
Boa sorte!

Elizabeth Núbia

COMO REZAR PARA UMA CRIANÇA

1 copo com água
1 galho de arruda de folhas novas e verdes

Pegue a criança, passe o copo com água no corpinho dela e em seguida passe o galho de arruda fazendo o sinal da cruz na cabeça, na frente, dos lados e nas costas, dizendo o seguinte: "'Fulano', Deus te fez, Deus te criou, Deus tira o mal que no teu corpo entrou". Depois reze um pai-nosso, uma ave-maria e ofereça ao anjo da guarda da criança. Quebre o galho de arruda e jogue de preferência em água corrente. O copo com água, despache em um tanque com torneira aberta. Lave o copo e guarde-o para uma possível próxima Reza.

Elizabeth Núbia

PARA ALIVIAR CÓLICAS DE CRIANÇAS

Óleo de copaíba

COMO FAZER

A maioria das crianças nos seus primeiros meses de vida sofre de cólicas. Quase sempre com hora marcada. Seria bom não utilizar remédios, mas algo melhor, como por exemplo: quando o neném apresentar cólicas, passe óleo de copaíba na barriguinha dele e aqueça com papel-toalha. Logo a seguir, encoste a barriguinha da criança na barriga da mamãe. Isso é maravilhoso. Experiência comprovada.

Outras Magias

PARA PASSAR EM PROVAS E CONCURSOS

Manjericão
Hortelã
1 vela amarela

COMO FAZER

Sete dias antes da sua prova ou concurso, tome um banho de manjericão com hortelã e vista uma roupa amarela. Pegue uma vela amarela e friccione-a nas mãos, fazendo seus pedidos a Deus para que Ele lhe dê inteligência, sabedoria, e que você possa gravar tudo em sua memória. Logo em seguida, acenda a vela e estude perto dela. Faça isso até chegar a hora de fazer a prova. Na véspera, não fique até tarde estudando. Procure descansar à noite, relaxar bastante e dormir mais cedo – isso lhe fará muito bem. Na hora em que for sair, deixe acesa a última vela. Boa sorte!

NOTA: O banho de manjericão e hortelã é só no primeiro dia.

ORAÇÃO PARA ESQUECER UM AMOR

"Meu Deus, minha Virgem Maria, inclinai Vossos santos ouvidos, ouvi a minha prece e atendei o meu pedido.

Tirai, arrancai e apagai de minha mente, do meu coração, todo amor que sinto por 'fulano'. Arrancai e apagai de minha mente a imagem de 'fulano' e não deixeis que eu pense mais nele. Fazei, Senhor, que assim eu possa encontrar alguém que mereça todo o meu sentimento de amor, fazendo-me feliz e preenchendo esse espaço com merecimento.

Não quero mais sofrer amando quem não me ama e, confiante em Ti, espero que a partir deste momento eu esqueça 'fulano' para sempre, pela força do teu poder, e pelo amor da Virgem Maria.

Mas se for ele o meu destino, peço que, pelo poder de Vosso Manto Divino, ilumines o nosso amor para que possamos, os dois, sentir que podemos fazer a felicidade um do outro.

E, assim sendo, peço-te, Senhor, que nos faças livres um para o outro e unas os nossos corações, nossas vidas, tornando nossos caminhos em um só, para que assim possamos viver juntos com lealdade e amor. Amém."

Reze, uma salve-rainha, um pai-nosso e uma ave-maria, oferecendo a Deus e à Virgem Maria.

NOTA: Esta prece é feita no tempo e com uma vela branca nas mãos.

Elizabeth Núbia

PARA ACALMAR UMA PESSOA VIOLENTA

1 foto da pessoa
1 peça de roupa da pessoa
1 crucifixo
21 velas de cera
1 copo com água e açúcar

COMO FAZER

Prepare um local, coloque a peça de roupa da pessoa, e por cima da roupa ponha a foto com o crucifixo em cima. Coloque em frente, o copo com água e açúcar e, ao lado do copo, acenda uma vela por dia até se completarem 21 dias e diga o seguinte: " 'Fulano', você é de ferro e eu sou de aço, e com a cruz de Cristo eu o acalmo. Não terá mais forças para agredir mais ninguém, nem mesmo por pensamento. Terá calma, tranquilidade e muito amor".

Ofereça a vela ao anjo da guarda da pessoa, dizendo o seguinte: " Que a luz divina, simbolizada na luz desta vela, ilumine o anjo da guarda de 'fulano', e que a partir de hoje ele se torne uma pessoa calma, mansa e prudente. Que seja iluminado, protegido e abençoado, fazendo as pessoas que o cercam muito felizes. Nunca mais cometerá nenhuma ignorância ou ingratidão, porque o seu anjo da guarda irá acalmar-te, fazer-te manso como um cordeiro e a todos respeitar com as bênçãos de Deus e do sinal da cruz". Faça o sinal da cruz em cima da roupa da pessoa e repita durante 21 dias no mesmo horário. Vá completando a água do copo.

PARA TRAZER FELICIDADES

1 romã
1 taça grande
1 fita azul, 1 rosa, 1 vermelha, 1 amarela, 1 verde e 1 branca de 60 centímetros cada uma
1 punhal de corte
Papel de seda com os pedidos
1 pouco de açúcar cristal
1 vela de 12 horas

COMO FAZER

Lave a taça e forre o fundo com açúcar. Lave a romã, incense-a e, com os olhos fechados, faça todos os seus pedidos girando-a em suas mãos. Depois, corte-a em cruz e coloque seus pedidos dentro dela, escritos no papel de seda a lápis. Pegue as fitas e as amarre na romã de uma só vez. Não se esqueça de pedir saúde, paz, prosperidade e muito amor. Coloque a romã na taça, deixando as pontas das fitas dependuradas para fora. Ponha a taça em um altar ou em lugar alto e limpo.

Esta magia pode ser renovada no período de um ano. Mas antes, deixe todo o material da vez anterior em um lugar de muitas árvores, onde haja pássaros, debaixo de uma árvore bem escondida.

Cigana Núbia

PARA A UNIÃO DA FAMÍLIA

1 metro de fita vermelha
1 maçã grande bem vermelha
Pétalas de rosa vermelha
1 vela de sete dias branca
1 prato de papelão dourado ou forrado com papel laminado
1 taça
1 caixa de incenso floral
1 punhal ou uma faca de corte
1 vidro de mel

COMO FAZER

Lave a maçã e passe-a por um incenso floral; depois, corte-a no sentido horizontal com uma faca ou de preferência um punhal.

Escreva os nomes das pessoas que quer unir e coloque-os dentro da maçã. Una as partes novamente e amarre com a fita vermelha, fazendo um laço. Coloque-a no prato de papelão dourado ou forrado com papel laminado. Cubra-a com as pétalas de rosa vermelha e regue com bastante mel, dizendo estar adoçando aquelas pessoas para que se entendam, amem-se e unam-se na paz do amor de Jesus e da força dos ciganos encantados do amor.

Coloque a taça com água e açúcar na frente do prato com os nomes dentro da taça escritos a lápis em papel sem pauta branco. Do lado direito da taça, acenda a vela oferecendo aos anjos da guarda das pessoas. Acenda então os incensos em volta do prato.

Cigana Núbia

PARA RETIRAR O INQUILINO DO SEU IMÓVEL

1 Casinha de cera

MODO DE FAZER

Se você for dono do imóvel, compre uma casinha de cera e passe com ela em frente ao seu imóvel, dizendo o seguinte: "Assim como eu vou sair daqui com esta casa de cera nas minhas mãos, todos que estão ocupando meu imóvel sairão e irão para bem longe daqui, e que a felicidade os acompanhe".

Diga os nomes das pessoas que estão morando no local do seu imóvel, escreva-os em um papel e coloque dentro da casinha de cera. Vá para um bairro bem longe do seu imóvel e deixe a casinha em local bonito e tranquilo para que todos sejam felizes.

PARA AFASTAR UMA PESSOA INDESEJÁVEL

A partir do primeiro dia da Lua Minguante, queime o nome da pessoa a lápis em papel sem pauta em um recipiente de barro. Junte as cinzas e, quando chegar o último dia, recolha tudo, vá até um rio de fortes águas correntes e jogue dizendo o seguinte: "'fulano', assim como o seu nome virou cinzas e desapareceu, você nunca mais vai passar pelos caminhos em que passo. Você há de desaparecer para sempre. Seja muito feliz, mas longe de meus caminhos".

Você também pode soprar as cinzas em um precipício.

PARA GANHAR UM PROCESSO NA JUSTIÇA

Vá ao pé de uma árvore muito frondosa com um belo tronco. Faça ao pé dela um buraco e coloque dentro o nome do advogado, o número do processo e tudo o que puder em relação ao caso.

Tampe o buraco e acenda uma vela verde em cima. Escreva em um papel tudo o que você quer ganhar na Justiça e pregue no tronco da árvore com um prego. Bata o martelo no prego três vezes, dizendo assim: "Estou martelando a minha vitória, pois eu sou uma vencedora".

Depois faça uma prece a São Jerônimo e saia bem devagar.

Cigana Núbia

Presentes e Encantamentos para os Ciganos Espirituais

COMO AGRADAR SUA CIGANA ESPIRITUAL

1 cesta de vime
1 lenço colorido
6 pedaços de fitas coloridas (menos nas cores preta e marrom)
1 melão
2 peras
2 maçãs
2 bananas
1 cacho de uvas verdes
1 cacho de uvas rosadas
2 goiabas
2 pêssegos
6 velas coloridas
1 caixa de incenso
Sementes de gergelim

COMO FAZER

Em uma noite de Lua Crescente ou nos três primeiros dias da Lua Cheia, enfeite a cesta com as fitas da maneira que quiser. Lave todas as frutas e arrume-as de forma bem bonita. Após tudo pronto, salpique com sementes de gergelim. Leve a cesta para um local alto com bastantes árvores, flores, ou mesmo para uma estrada de preferência de terra.

Ao chegar lá, coloque a cesta no chão em cima do lenço e acenda os incensos e as velas oferecendo ao seu ou à sua cigana.

NOTA: Nunca coloque abacaxi em oferendas ciganas.

Elizabeth Núbia

COMO AGRADAR A TODOS OS CIGANOS

1 balaio médio
6 maçãs
6 peras
6 mamões papaia
5 bananas-prata ou bananas-ouro
1 melão
6 pêssegos
6 goiabas
1 pacote de sementes de gergelim
6 lenços coloridos
6 pedaços de fitas coloridas (um metro de cada)
6 guizos
3 garrafas de vinho de boa qualidade
3 garrafas de champanhe de boa qualidade
18 velas coloridas (duas de cada cor – azul, rosa, amarela, verde, vermelha, branca, lilás, prateada e dourada)
2 taças
21 varetas de incensos
1 vidro de perfume floral
Folhas de papel dourado e prateado

COMO FAZER

Esta oferenda deverá ser preparada e entregue em um local alto, onde haja verde, plantas e flores. O local deverá ser forrado com uma toalha de cetim vermelha ou amarela. Forre o balaio com papel dourado e prateado e enfeite-o a seu gosto. Depois, vá colocando, de acordo com sua intuição, todas as frutas, os lenços, as fitas e o restante do material. Por cima de tudo, jogue as sementes de gergelim.

Abra as garrafas de champanhe e de vinho, sirva nas taças, acenda as velas e os incensos em volta do balaio e, por último, perfume toda a oferenda. Fique no local por 30 minutos ou mais fazendo seus pedidos e mentalizando tudo o que desejar. Depois, retire-se do local sem se esquecer de agradecer a Deus.

Boa sorte!

Elizabeth Núbia

NOTA: Locais da entrega de oferendas aos ciganos espirituais:

- Em lugares pouco movimentados e limpos
- Campinas
- Beira de estrada
- Nas areias da praia

Horário de entrega:

- De manhã bem cedo e na parte da tarde, a partir das 18 horas, e antes da meia-noite.

Magias para Prosperidade

NHOQUE DA PROSPERIDADE

MASSA

1 quilo de batata-inglesa
1 vidro pequeno de maionese
100 gramas de queijo ralado de boa qualidade
Sal
Farinha de trigo

COMO FAZER

Cozinhe bem as batatas em água e sal, passe-as pelo espremedor e deixe esfriar.

Depois de esfriar bem, acrescente a maionese e misture bem. Aos poucos, vá colocando farinha de trigo até dar o ponto de corte, mas não acrescente muito para evitar que a massa fique pesada.

Ferva a água e vá colocando os nhoques cortados. Assim que eles subirem na água, recolha-os com o auxílio de uma escumadeira e coloque em um escorredor. Depois passe para uma travessa.

Coloque o molho de sua preferência e cubra com queijo ralado de boa qualidade.

Leve ao forno por alguns minutos.

MODO DE COMER

Prepare a mesa e sirva apenas sete nhoques com uma nota de alto valor debaixo do prato. Tome o cuidado de comê-los em pé, próximo à mesa. Faça seus pedidos e tome depois um copo de guaraná. Depois de comer os sete primeiros nhoques, coma à vontade o restante.

Guarde a nota de dinheiro até o próximo mês, quando você deverá trocá-la por outra.

Nota: Este nhoque deverá ser feito no dia 29 de cada mês

PARA ATRAIR CLIENTES E PROSPERAR

1 tacho de cobre

1 ímã

1 cristal canalizador

7 moedas correntes

7 moedas antigas

7 folhas de louro

3 velas (1 amarela, 1 azul, 1 verde)

Arroz com casca

Noz-moscada ralada

1 caixa de incenso de cravo

COMO FAZER

Coloque no tacho o arroz com casca e por cima o ímã. O cristal deve ser colocado à direita do ímã.

Arrume as moedas em volta no sentido horário, colocando-as em pé. Primeiro as antigas, depois as atuais. Em seguida, arrume as folhas de louro em pé, salpicando a noz-moscada ralada. Acenda as velas, oferecendo aos ciganos encantados do ouro e da prata.

Faça na Lua Nova, pedindo novos clientes e o crescimento de seus negócios. Acenda os incensos e faça a troca de ano em ano, tendo o cuidado de não deixar a magia escondida. Quando trocar, reaproveite todo o material, exceto o arroz e as folhas de louro.

PARA NÃO FALTAR DINHEIRO

1 pires branco

3 velas brancas

1 cédula de maior valor possível

3 moedas correntes de maior valor

3 varetas de incenso de cravo-da-índia

Arroz com casca

COMO FAZER

Pegue uma cédula do maior valor que puder e coloque em cima de um pires branco coberto de arroz com casca. Em cima da nota, coloque três moedas atuais de valor máximo. Deixe na luz da Lua Crescente nos seus três primeiros dias, acendendo três velas brancas em forma de triângulo e três incensos de cravo-da-índia. No dia seguinte, guarde a nota na carteira e enterre as moedas, dizendo o seguinte: "Estou enterrando a minha pobreza".

Três dias depois, vá ao mesmo lugar, desenterre as moedas, dizendo o seguinte: "Estou desenterrando a minha fortuna, a minha riqueza". Guarde as moedas e nunca as gaste. Você poderá ficar rico, mas não cruze os braços, vá à luta e tome o cuidado de não perder a riqueza maior, que é a sua humildade.

BANHO E MAGIA CIGANA PARA PROSPERIDADE

2 litros de água mineral
1 colher de café de açúcar mascavo
1 colher de café de açúcar cristal
1 colher de café de açúcar refinado
6 pedaços de canela em pau
6 cravos-da-índia
6 folhas de louro
Noz-moscada ralada
Dandá-da-costa ralado
30 centímetros de morim
3 velas (azul, amarela, rosa)

COMO FAZER

Coloque tudo para ferver. Assim que levantar a primeira fervura, desligue o fogo e deixe por umas três horas. Coe tudo e faça uma trouxinha com o morim. Vá até uma árvore bem frondosa, amarre a trouxinha em um galho, e em seguida acenda as velas em forma de triângulo em volta da árvore. Ofereça aos ciganos encantados da riqueza, do amor, da saúde e do ouro. Quando voltar, tome o banho da cabeça aos pés.

Cigana Rosália

PARA PROSPERIDADE DE UM CASAL

1 lenço de seda bem colorido
1 tacho de cobre de tamanho grande
1 prato de acrílico do tamanho do fundo do tacho
1 cristal de quartzo rosa em forma de coração
1 cristal citrino
1 cristal de pirita
6 moedas atuais
6 moedas antigas
1 caixa de incenso de jasmim
3 rosas (amarela, chá e branca) sem cabo
1 pera
1 romã
12 pedaços de fitas coloridas
12 velas coloridas
Folhas de hortelã
Sementes de gergelim

COMO FAZER

Em uma quinta-feira de Lua Crescente, em um local limpo e tranquilo de sua casa, forre o chão com o lenço. Lave bem o tacho, incense-o e coloque em cima do lenço.

Amarre seis fitas coloridas em cada uma das alças do tacho e espalhe no sentido horário todas as moedas no fundo. Em cima das moedas, coloque o pratinho de acrílico e, dentro dele, coloque a maçã e a pera bem juntas.

Corte a romã em cruz e coloque dentro os nomes do casal. Em seguida, posicione-a na frente da pera e da maçã e arrume os cristais em volta.

O cristal de quartzo rosa deverá ser colocado em cima das frutas e as rosas arrumadas em forma de um triângulo, lembrando-se de cortar seus cabos.

Salpique com bastantes sementes de gergelim, cubra tudo com muitas folhas de hortelã e acenda os incensos e as velas em um pires ao lado do tacho, com muito cuidado para não tombar. Apague as luzes, deixando apenas a iluminação das velas acesas, e sente-se, fazendo todos os pedidos aos ciganos encantados da riqueza, do amor, da saúde e da prosperidade.

Deixe esta magia no local por três dias. No quarto dia, antes das 9 horas, o casal deverá pegar o pratinho só com as frutas e depositar em local florido e limpo, onde poderão acender uma vela branca ao lado.

Amarre o lenço no tacho com o restante, e só desfaça quando for repetir a magia podendo usar os mesmos cristais e moedas.

O que sobrar, coloque ao pé de uma árvore bem frondosa com alguns galhos em forma de V.

Cigana Núbia

POTE DA PROSPERIDADE

1 pote de barro com alças
6 fitas coloridas (menos preta e marrom) de 70 centímetros cada
1 fita dourada de 70 centímetros
Arroz com casca
Milho vermelho
Ervilha
Lentilha
Canjica branca
Arroz branco
7 moedas correntes
7 folhas de louro
Os nomes das pessoas escritos em papel de seda a lápis

COMO FAZER

Lave bem o pote e deixe secar ao Sol. Incense-o e coloque dentro dele os grãos, depois as moedas e as folhas de louro. Amarre as fitas no pote com um bonito laço.

Faça um canudo com o papel em que escreveu os nomes e passe nele a fita dourada, amarrando-o ao pote. Leve então o pote para um lugar alto, cheio de árvores, mas em local escondido para que não seja fácil de alguém achar. Faça então todos os seus pedidos de prosperidade e riqueza a Deus, ao sr. Tempo e aos mestres do plano espiritual superior, elevando o pote acima da sua cabeça antes de colocá-lo no lugar.

Boa sorte!

Elizabeth Núbia

PÓ PARA PROSPERIDADE

8 sementes de dandá-da-costa
2 nozes-moscadas
8 cravos-da-índia sem a bolinha
8 folhas de louro secas
2 colheres de sopa de canela em pó
2 colheres de sopa de açúcar mascavo

COMO FAZER

Em uma quinta-feira de Lua Crescente, triture tudo e misture em um pote pequeno de talco neutro. Use, esfregando na palma das mãos, na bolsa e no bolso da calça.

PÓ PARA CHAMAR DINHEIRO

Folhas-da-fortuna
1 noz-moscada ralada
Folhas de louro
Manjericão
Alecrim
Talco neutro
1 colher de canela em pó
Varetas de incenso de cravo e de canela

COMO FAZER

Triture tudo muito bem e depois misture ao talco. Peneire para que fique bem fininho. Coloque em um vidro com tampa e acenda em volta do vidro incensos de canela e de cravo.

Deixe sob a energia da Lua Crescente. Use à vontade e não deixe de colocar um pouco na carteira ou no fundo da bolsa.

Elizabeth Núbia

OUTRO PÓ PARA ATRAIR DINHEIRO

Folhas secas de dinheiro-em-penca
Folhas secas de salsinha
Folhas-da-fortuna secas
Folhas secas de alecrim
2 nozes-moscadas raladas
3 colheres de canela em pó
12 cravos-da-índia sem a bolinha
1 pote de barro
7 moedas correntes

COMO FAZER

Deixe as folhas secarem bem e depois triture-as juntamente com os outros ingredientes.

Faça esta magia na Lua Crescente em local tranquilo. Depois de pronta, assopre-a em toda a sua casa, principalmente em local de vendas. Pegue um pouco, coloque no pote com as moedas e deixe em local alto de sua loja por tempo indeterminado.

Elizabeth Núbia

PÓ DE GAMAÇÃO

Erva-doce
Açúcar
Erva amor-agarradinho
Fava de patchuli
Cascas secas de 2 maçãs vermelhas
Pétalas de uma rosa vermelha, uma amarela e uma cor-de-rosa
1 flor de jasmim
1 flor de dama-da-noite
Talco neutro

COMO FAZER

Na pasagem da Lua Nova para a Crescente, triture tudo e passe no corpo após um banho de atração. É infalível.

Cigana Mayara

Limpeza e Energização

COMO SE ENERGIZAR

Quando se sentir muito cansado, estressado, irritado, mal-humorado, é sinal de que você precisa repor suas energias. Vou ensinar para você um jeito muito especial de uma grande recomposição de energias.

Em primeiro lugar evite a bebida, a carne, o fumo e o sexo durante 48 horas antes de fazer esta energização.

Compre ervas frescas de macaçá, macere-as e, com muita fé, tome um banho. Não enxugue o corpo, deixe secar naturalmente e vista roupas claras, leves e bem soltas.

Use perfume de jasmim ou outro perfume floral.

Tome uma xícara de chá de erva-cidreira bem quentinha e vá a um local sossegado de sua casa, quintal ou varanda, de preferência que seja um local aberto. Forre o chão com panos de todas as cores, espalhe vários cristais canalizadores e acenda incensos florais, junto com uma vela branca em um pires bem à sua frente.

Coloque uma música suave e ajeite-se de forma bastante confortável. Permaneça assim o máximo de tempo que puder, desligando-se de tudo, deixando apenas a imagem de Jesus, da Lua, e das estrelas em sua mente, e ouça apenas o som da música.

Respire profundamente, prenda o ar e solte-o, como se estivesse tirando de dentro de você todas as impurezas.

Respire novamente, prenda um pouquinho e solte, desta vez bem devagarinho.

Sinta que seu coração vai começar a bater suavemente, e então entre em sintonia com Deus. Desligue-se de tudo e ouça somente a canção, pensando apenas no amor e procurando sentir que dentro de você começam a nascer novas esperanças, fortes energias de amor e a certeza de que dali em diante haverá muitas realizações e sucesso.

Respire profundamente e abra os olhos para um novo mundo. Boa sorte!

Elizabeth Núbia

ENERGIZAÇÃO NA PRAIA

Em noite de Lua Crescente, vá até a praia em hora de pouco movimento e faça um triângulo bem grande na areia com a ponta virada para o mar.

Em cada ponta, faça um buraco bem profundo e coloque em cada um, uma vela branca acesa e uma palma branca. Acenda em toda a volta do triângulo vários incensos florais. Entre no triângulo e sente-se no meio, em posição de buda. Mentalize somente coisas boas. Busque no pensamento coisas positivas, alegres e coloridas. Imagine as cores violeta, azul, rosa, amarela, verde e, por fim, a cor dourada envolvendo todo o seu corpo. Tente, pela respiração, sentir seu coração bem calmo e tranquilo. Higienize-se espiritualmente. Abra os olhos bem devagar. Se necessário, feche e abra-os novamente até se sentir confortável. Faça uma prece a Deus, outra em homenagem a Nossa Senhora e saia bem devagar de frente para o mar.

Vá para casa e tome um banho de colônia da cabeça aos pés. Deixe secar naturalmente e vista uma roupa clara e leve. Procure repousar.

PARA ENERGIZAÇÃO DE IMAGENS CIGANAS

1 imagem vestida de cigana ou cigano
1 colher de água de cachoeira
1 colher de água de chuva
1 colher de água de fonte
Gotas de perfume de jasmim
Gotas de perfume de dama-da-noite
Anis-estrelado triturado
7 cristais (quartzo rosa, ametista, lápis-lazúli, citrino, pirita, esmeralda e um cristal límpido canalizador)
1 lenço de seda pura colorido
3 velas (azul, amarela e rosa)
Pétalas de rosas (amarela, rosa e vermelha)
1 tacho de cobre

COMO FAZER

Em noite de Lua Cheia, em local aberto, estenda o lenço no chão, coloque em cima a imagem e batize-a com as águas dando-lhe o nome escolhido. Após o batismo, apresente-a a Mãe Lua, dizendo o seguinte: "Aqui está a imagem de minha cigana (dizer o nome)". Coloque a imagem de novo no meio do lenço, perfume-a com o jasmim, a dama-da-noite e o anis-estrelado. Arrume todos os cristais em volta da imagem depois de tê-los energizado. Jogue as pétalas de rosas por cima de tudo e acenda as velas em forma de triângulo. Deixe ali por seis horas e só então ponha a imagem em um local reservado a ela – de preferência um altar. O lenço deverá ser usado em ocasiões especiais. Coloque as pedras em um tacho de cobre perto da imagem.

NOTA: Quando você tiver uma boneca vestida de cigana representando alguma cigana de sua vida e não a quiser mais, providencie outra para ficar no lugar dela e leve-a para um local de árvores frondosas, jardim ou para a beira de uma estrada ou uma cachoeira.

Acenda uma vela do lado direito da imagem e converse com ela sobre o assunto.

PARA LIMPAR SUA CASA DE CARGAS NEGATIVAS

1 vassoura de palha
1 saco de morim
Folhas de São Gonçalinho
Folhas de aroeira
Folhas de arruda macho
Defumador completo

COMO FAZER

Deixe as folhas espalhadas por toda a casa da noite para o dia. De manhã, antes das 9 horas, varra as folhas com a vassoura de palha para dentro do saco de morim. Em seguida, jogue em um rio de águas correntes com vassoura e tudo.

Ao meio-dia, faça uma defumação, pedindo a Deus que sua casa fique limpa e livre de todo o mal. Você receberá então as bênçãos de Deus.

Mantenha a limpeza acendendo sempre incensos florais e espalhando nos cantos da casa perfume de alfazema.

PARA LIMPEZA DE ESTABELECIMENTOS COMERCIAIS

No primeiro dia da semana, antes de abrir a sua casa comercial, lave todo o solo com uma água preparada com os seguintes ingredientes:

1 balde com água limpa, misturada com água da cachoeira e água da praia
1 molho da erva dinheiro-em-penca
1 molho de salsinha

COMO FAZER

Macere todas as ervas, coe e lave todo o chão com aquela água. Depois, espalhe em todos os cantos perfume de alfazema e acenda uma caixa de incenso de canela.

A seguir, coloque atrás da porta principal um galho bem grande de louro amarrado com fita vermelha, uma figa de guiné e uma figa de arruda.

Você pode ficar rico se conservar a sua humildade. Boa sorte!

Elizabeth Núbia

OUTRA PARA LIMPEZA DE CASA COMERCIAL

1 vela branca
1 copo com água
1 saco de morim
1 galho de louro
1 metro de fita vermelha

1 figa de guiné
1 figa de arruda
Defumador completo
Folhas de dinheiro-em-penca
Folhas de macaçá
Folhas de alecrim

COMO FAZER

Na porta principal, acenda a vela branca e coloque um copo com água perto dela. Espalhe as folhas por todo o seu estabelecimento.

Varra no outro dia antes das 6 horas da manhã. Coloque tudo em um saco de morim e jogue em um rio de águas correntes.

Faça uma defumação de limpeza de dentro para fora. Em seguida, faça uma defumação de prosperidade de fora para dentro. Depois, amarre as folhas de louro com a fita vermelha, prendendo nesta as duas figas. Não deixe em lugar escondido. Troque quando quiser e despache em lugar limpo e com árvores.

PARA AFASTAR MAUS ESPÍRITOS DE SUA CASA

Quando sentir que sua casa está muito pesada, com energias negativas, faça uma faxina completa em uma segunda-feira. Após a faxina, faça uma defumação completa, com o cuidado de deixar na porta principal um copo com água e uma vela branca acesa ao lado dele. Ao fazer a defumação, diga as seguintes palavras: "Esta casa tem quatro cantos, cada canto tem seu Santo. Pai, Filho e Espírito Santo".

Após a defumação, despache a água do copo em água corrente e, assim que o defumador apagar, jogue as cinzas ao pé de uma árvore ou em local limpo. Prepare copos pequenos de acrílico e coloque com água até a metade. Pingue seis gotas de amônia em cada copo e coloque um nos cantos de cada comado da casa.

Saia por uns 4 minutos e, quando voltar, sentirá a leveza de sua morada. Depois de três dias, recolha os copos e jogue tudo fora. Mantenha a limpeza, usando diariamente incensos de cânfora e incensos florais.

PARA MELHORAR A ENERGIA DE SUA CASA

1 rosa vermelha
1 rosa amarela
1 rosa branca
1 taça de cristal com água mineral
1 jarro
1 cristal canalizador de várias pontas
1 caixa de incensos de cânfora
Perfume de alfazema

COMO FAZER

Faça uma faxina em sua casa, acenda de uma só vez todos os incensos e passe em todos os cômodos, fazendo seus pedidos a Deus para harmonização de sua casa.

Jogue perfume de alfazema nos quatro cantos de cada cômodo. Depois de tudo feito, coloque na sala principal de sua casa um jarro com as rosas. A vermelha, com o cabo maior que o da rosa amarela e a rosa branca com o cabo menor que o da rosa amarela. Coloque a taça ao lado do jarro com o cristal dentro dela. Troque a água da taça e do jarro todos os dias. Quando as rosas murcharem, jogue-as em um lugar de flores ou árvores. Mantenha a taça com o cristal em sua sala, em lugar visível.

PARA AFASTAR OLHO-GRANDE DE NOSSA MORADA

Coloque na entrada principal de sua casa um copo transparente com água limpa, três pedras de carvão vegetal e um galho de arruda. Isso afastará o mau-olhado e a inveja.

Troque a água todos os dias, se possível.

Bebidas Afrodisíacas e Bebidas Ciganas

VINHO AFRODISÍACO

1 garrafa de vinho de boa qualidade
Pedaços de cipó-cravo
Pedaços de canela em pau

COMO FAZER

Abra a garrafa de vinho, retire um pouco e coloque o cipó-cravo e a canela em pau. Tampe bem e deixe por 21 dias em um local escuro e seco. Após os 21 dias, tomar um cálice antes de todas as refeições.

BEBIDA PODEROSA PARA O AMOR

1 garrafa de vinho de boa qualidade
1 pacote de erva-doce
7 cravos-da-índia sem a bolinha
3 pedaços de canela em pau

COMO FAZER

Coloque tudo na garrafa. Escreva o seu nome e o dele em um papel e cole na garrafa. Apresente a mistura à grande Mãe Lua Cheia nos seus três primeiros dias. O mais importante é que essa bebida deve ser tomada dentro de uma maçã, sem o miolo, apenas com uma fina camada externa. Depois de usar a maçã como taça, deposite-a em um local de mato limpo.

Cigana Núbia

BEBIDA PARA AUMENTAR A POTÊNCIA SEXUAL

1 garrafa de vinho branco ou tinto de boa qualidade
6 cravos-da-índia
6 rodelas de gengibre
1 maçã picada
Breu
1 limão-galego
1 pedaço da raíz de pau-pereira
Uma pitada de sal
1 pedaço de goiabada
Miolo de pão

MODO DE FAZER

Coloque tudo dentro da garrafa, deixe 11 dias em um lugar bem fresco e depois comece a tomar um cálice três vezes ao dia.

CHÁ

CHÁ CIGANO

1 litro de água
Um pouco de chá preto

FRUTAS PARA MACERAR

Uva verde
Limão
Damasco
Morango
Ameixa
Maçã

COMO FAZER

Ferva a água e coloque o chá preto. Apague o fogo e deixe tampado por 30 minutos. Em um copo de vidro, coloque pedaços das frutas, sendo o limão cortado em rodelas finas. Macere com um garfo, mentalizando somente coisas boas, fazendo também seus pedidos.

Após a maceração, misture as frutas com um pouco de chá em uma tigela pequena e complete com água fervente. Adoce a gosto, de preferência com açúcar mascavo, tomando o cuidado de segurar a tigela com o dedo indicador da mão esquerda e com o dedo indicador e o médio da mão direita.

SIGNIFICADO DAS FRUTAS

Uvas – representa a fertilidade e a fartura
Limão – representa o corte do mal
Damascos – afrodisíaco
Morango – representa a felicidade

Ameixa – afrodisíaco
Maçã – representa o amor

CHÁ PARA ACALMAR

1 litro de água
3 cravos-da-índia sem a bolinha
Rodelas finas de limão
Folhas de erva-cidreira bem verdinhas

COMO FAZER

Ferva a água com todos os ingredientes, reservando as rodelas de limão para que sejam servidas em cada xícara do chá bem quente na hora de dormir.

Todas as vezes que usar uma xícara para qualquer bebida, nunca deixe de usar também os pires.

XAROPE PARA BRONQUITE ASMÁTICA

1 cebola
1 beterraba
1 prato transparente fundo
Açúcar refinado

COMO FAZER

Corte em fatias finas a cebola e a beterraba e arrume-as no prato no sentido horário. Cubra com açúcar, coloque um pedaço de filó para cobrir o prato e deixe no sereno. No outro dia, recolha, coe e jogue fora o restante.

Tome esse xarope de manhã em jejum e à noite antes de dormir. É excelente.

Seu Signo e Suas Energias

ÁRIES

Símbolo cigano – punhal
Elemento – fogo
Qualidade – franqueza
Pedra – granada
Carta – 11
Cor – vermelho
Incenso – almíscar e sândalo
Perfume – violeta
Vela – vermelha
Número de sorte – 3
Dia da semana – domingo e terça-feira
Cigana dos caminhos – Dolores

TOURO

Símbolo cigano – coroa
Elemento – terra
Qualidade – lealdade
Pedra – quartzo rosa
Carta – 6
Cor – verde, rosa e azul
Incenso – rosa e alecrim
Perfume – jasmim e almíscar
Vela – azul
Número de sorte – 3
Dia da semana – quarta-feira e sexta-feira
Cigano dos caminhos – Wlademir

GÊMEOS

Símbolo cigano – candeias
Elemento – ar
Qualidade – inteligência
Pedra – safira e jade
Carta – 7
Cor – azul e amarelo
Incenso – rosa e alecrim
Perfume – lavanda e sândalo
Vela – branca
Número de sorte – 5
Dia da semana – quarta-feira e quinta-feira
Cigana dos caminhos – Soraya

CÂNCER

Símbolo cigano – roda
Elemento – água
Qualidade – simpatia e sensibilidade
Pedra – esmeralda e malaquita
Carta – 10
Cor – branco, azul e violeta
Incenso – maçã e violeta
Perfume – jasmim e sândalo
Vela – azul
Número de sorte – 2
Dia da semana – segunda-feira e terça-feira
Cigana dos caminhos – Carmencita e Milena

LEÃO

Símbolo cigano – estrela
Elemento – fogo
Qualidade – generosidade
Pedra – topázio e rubi
Carta – 8
Cor – amarelo e laranja
Incenso – almíscar e sândalo
Perfume – sândalo
Vela – vermelha
Número de sorte – 4
Dia da semana – domingo e quinta-feira
Cigana dos caminhos – Carmelita

VIRGEM

Símbolo cigano – sino
Elemento – terra
Qualidade – otimismo e coragem
Pedra – ametista e citrino
Carta – 8
Cor – azul e amarelo
Incenso – rosa e benjoim
Perfume – almíscar e violeta
Vela – branca e amarela
Número de sorte – 5
Dia da semana – quarta-feira e sábado
Ciganos dos caminhos – Pablo e Luana

LIBRA

Símbolo cigano – moedas
Elemento – ar
Qualidade – harmonia
Pedra – quartzo rosa
Carta – 9
Cor – rosa e azul
Incenso – maçã e rosa
Perfume – almíscar e violeta
Vela – branca
Número de sorte – 6
Dia da semana – sexta-feira e sábado
Ciganos dos caminhos – Iago e Ramón

ESCORPIÃO

Símbolo cigano – adaga
Elemento – água
Qualidade – determinação
Pedra – granada
Carta – 6
Cor – vermelho e cinza
Incenso – almíscar e eucalipto
Perfume – patchuli
Vela – azul
Número de sorte – 13
Dia da semana – terça-feira e quinta-feira
Cigana dos caminhos – Carmelita

SAGITÁRIO

Símbolo cigano – machado
Elemento – fogo
Qualidade – otimismo e honestidade
Pedra – topázio
Carta – 10
Cor – laranja e amarelo
Incenso – cravo e canela
Perfume – madeira e verbena
Vela – vermelha
Número de sorte – 7
Dia da semana – terça-feira e quinta-feira
Cigano dos caminhos – Ramur

CAPRICÓRNIO

Símbolo cigano – ferradura
Elemento – terra
Qualidade – responsabilidade
Pedra – safira
Carta – 11
Cor – azul e lilás
Incenso – lótus e alecrim
Perfume – vetiver e violeta
Vela – branca
Número de sorte – 8
Dia da semana – sexta-feira e sábado
Cigano dos caminhos – Ramur

AQUÁRIO

Símbolo cigano – taça
Elemento – ar
Qualidade – amabilidade
Pedra – lápis-lazúli
Carta – 3
Cor – azul
Incenso – violeta e rosa
Perfume – rosa e sândalo
Vela – branca
Número de sorte – 3
Dia da semana – quarta-feira e sábado
Cigana dos caminhos – Madalena

PEIXES

Símbolo cigano – capela
Elemento – água
Qualidade – harmonia
Pedra – ametista e turquesa
Carta – 16
Cor – verde
Incenso – violeta e alfazema
Perfume – violeta e jasmim
Número de sorte – 9
Dia da semana – segunda-feira e quinta-feira
Ciganos dos caminhos – Ramires e Sarita

CONHECIMENTOS SOBRE OS SIGNOS CIGANOS

PUNHAL

Este símbolo representa sucesso, vitória e está sempre presente na vida de um cigano. Quem nasce sob esse signo tem uma personalidade muito forte e não gosta de receber ordens. Tem um coração sonhador e quando ama se entrega integralmente a esse amor.

COROA

A coroa representa a riqueza e a pureza do amor. As pessoas nascidas sob este signo costumam crescer na vida e obter bastante sucesso nos negócios que comandam. São sensíveis e se apaixonam facilmente.

CANDEIAS

As candeias eram lamparinas que antigamente iluminavam os acampamentos ciganos nas noites sem luar. Elas representam a sabedoria, a claridade das ideias e são símbolo de vivacidade. Quem nasce sob este signo é inteligente, esforçado e sempre alcança seus objetivos. O romantismo faz parte da vida de quem é do signo de candeias.

RODA

A roda representa o movimento da vida. Está relacionada à Lua e tem uma forte ligação com as mulheres. As pessoas nascidas sob o signo de roda são um pouco inseguras, bastante ciumentas e facilmente entram em depressão.

ESTRELA

A estrela é símbolo de grande espiritualidade e também de sucesso na vida. As pessoas nascidas sob este signo são muito otimistas, fazem amizades com facilidade e gostam muito de estar rodeadas de pessoas amigas.

SINO

O sino antigamente funcionava como relógio, anunciando determinados momentos importantes de atenção. Por isso, significa pontualidade e ordem. Os nativos deste signo são bastante inteligentes, mas um pouco exigentes e até ambiciosos. No amor, dificilmente se entregam a fortes paixões.

MOEDAS

As moedas têm dois lados, cara e coroa, o que significa matéria e espírito. As pessoas nascidas sob este signo são sensíveis, elegantes, apaixonam-se facilmente e vivem todos os momentos de amor intensamente. São solidários e estão sempre de bem com a vida, talvez por saberem amar de verdade.

ADAGA

A adaga simboliza as mudanças, o novo que chega trazendo mudanças necessárias para o nosso crescimento. As pessoas que nascem sob este signo geralmente são fortes, otimistas, perseverantes e bastante criativas. Estão sempre amando, nunca estão sozinhas.

MACHADO

O machado simboliza a liberdade por ter o poder de romper todas as dificuldades. As pessoas nascidas sob este signo são maravilhosamente divertidas, alegres, felizes e otimistas. Acreditam sempre que o melhor virá. Assim, nos caminhos da vida estão sempre de novo amor, pois não conseguem se prender a ilusões amorosas.

FERRADURA

A ferradura representa sorte, caminhos, prosperidade e atrai boa sorte para quem a tem em seu lar ou em sua barraca. Os nativos deste signo são muito desconfiados e estão sempre muito atentos a novas amizades. São também muito materialistas.

TAÇA

A taça representa a união, o amor. É usada nas cerimônias dos casamentos ciganos, nas quais os noivos bebem o vinho e prometem amor eterno. Quem nasce sob este signo é muito inteligente e solidário à humanidade, por isso vive cercado de amigos.

CAPELA

A capela representa o encontro com Deus nos momentos de desabafo, onde nos sentimos mais próximos d'Ele e da Virgem Maria. As pessoas regidas por este signo são muito protegidas espiritualmente, mas também muito sensíveis. Quando amam, exageram na dose do amor e por isso sofrem por se entregarem demais às ilusões.

As Velas

O uso das velas é muito importante em nossas vidas por vários motivos. Um deles é que as chamas das velas representam o fogo, as salamandras, a sabedoria e a vida.

Deus manifestou-se a Moisés por intermédio de uma grande bola de fogo, que seria o elemento representativo da humanidade e do amor. Portanto, é muito importante mantermos em um lugar seguro de nossas moradas, uma vela acesa para espantar o mal e nos manter sempre iluminados.

Sempre que acender uma vela, faça a Deus a seguinte oração: "Que a Luz Divina, simbolizada na luz desta vela, ilumine meus caminhos e a minha vida".

Deixe-a queimar até o fim e nunca a jogue no lixo, mantendo o hábito de deixar seus resíduos em um lugar florido.

Nunca devemos apagar as velas com o sopro, pois esgotamos nossas energias vitais.

O sopro tem um significado muito especial. Até mesmo no caso de falta de luz elétrica, devemos usar um objeto para apagar a vela, como por exemplo, uma colher. Antes de acendermos uma vela, devemos friccioná-la nas mãos para impregná-la com nossa energia, mentalizando nosso desejo. Devemos também atentar para as cores das velas de acordo com nossos pedidos a Deus, pois cada cor tem sua energia.

VELA BRANCA

A vela branca deve ser utilizada para pedir a Deus paz, harmonia e união familiar. Ao acendermos a vela branca, despertamos em nós paz, pureza e sinceridade. Esta vela está associada à energia da Lua.

Dia da semana – quarta-feira

VELA LILÁS

A vela lilás é a cor da transmutação e da espiritualidade. Representa o grande mestre Saint Germain. Ao acendermos esta vela, podemos pedir para que o ódio se transforme em amor. A vela lilás está ligada ao planeta Urano.

Dia da semana – sábado

VELA ROSA

A vela rosa está ligada ao planeta Vênus e simboliza o amor universal. Portanto, deve ser usada nos pedidos de amor, para unir dois corações e também para pedir um grande amor.

Dia da semana – sábado

VELA AMARELA

A vela amarela é usada para estudos, inteligência e também quando pretendemos mudar de residência. Representa o entusiasmo e a alegria da vida. Está associada ao Sol.

Dia da semana – domingo

VELA AZUL

A vela azul está associada ao planeta Júpiter e representa a limpeza e a prosperidade. Devemos também usá-la quando o pedido for relacionado a trabalho e a negócios.

Dia da semana – quinta-feira

VELA VERDE

A vela verde está associada ao planeta Vênus. É a cor da cura, do equilíbrio e da tranquilidade. Devemos usá-la em caso de enfermidades.

Dia da semana – quarta-feira

VELA VERMELHA

A vela vermelha está ligada ao planeta Marte e representa o vigor, a coragem e o entusiasmo. Deve ser usada nos casos de extrema necessidade de solução imediata.

Dia da semana – sexta-feira

MENSAGENS DAS VELAS

Quando acendermos uma vela e ela se apagar sem a ação do vento, é sinal de que o anjo auxiliará na realização de seus pedidos, mas é importante mais ação.

Quando o pavio da vela estiver bastante reluzente ou mesmo brilhante, significa que a vitória chegará e o sucesso e a prosperidade com certeza acontecerão.

Quando a vela começa a chorar muito, significa que seu anjo está com dificuldades de atender aos seus pedidos, mas não desista; insista na prece junto à chama.

Se a chama tomar o formato espiral, com certeza tudo o que você pediu será resolvido satisfatoriamente.

Se a chama começar a ficar azulada, é um aviso importante, pois seu anjo está presente.

Quando se acende uma vela e ela se consome rapidamente sem a ação do vento, você precisará se conectar mais e rezar.

Nunca esqueça que a natureza de suas intenções ao fazer seus pedidos é muito importante para que eles sejam concretizados.

Não esqueça também que o nosso pensamento é a força que tudo faz para que possamos concretizar todos nossos desejos. Por isso, ele deve estar sempre em alta e com boas vibrações.

Todas as chamas são importantíssimas em nossas vidas e em nosso dia a dia, mas a chama violeta é a mais significativa, pois ela nos permite queimar todas as impurezas da alma e assim avançar muito rapidamente na espiritualidade.

É útil e necessário começar a própria purificação pelas invocações da chama violeta, as quais podemos fazer em favor de nossos parentes, amigos e supostos inimigos. Temos o meio de amar o próximo como a nós mesmos e criar em torno de nós essas vibrações de paz que devem encher todos os corações.

Eu uso muito a chama violeta, pois ela é a chama da graça divina e consome o ódio, a feiura, a guerra, a inveja, a vingança, a loucura, a doença e até o carma.

Invoque sempre a presença da chama violeta, pois ela o inundará de sua cor, ela o atravessará, o transpassará, o purificará.

Você está na chama violeta.

Observe-a subir em torno de você. Ela roça, ela assobia, ela o circunda, ela o rodeia.

Suas espirais cortam as discórdias, vitalizam os maus pensamentos que você erou ou que são projetados contra você.

Ela transforma toda a energia maléfica, convertendo-a em uma onda de luz que permanece em sua aura a seu serviço.

É doce dar a liberdade da chama violeta a todos os que se amam, e é doce nos purificarmos envolvendo-nos na chama violeta.

É doce derramar ondas e ondas da chama violeta pelos vales, nas águas dos rios e dos lagos, inundar as planícies e as montanhas de oceanos de chama violeta, pois nela se afogam o mal, o ódio e a estupidez dos homens.

Como é doce fazê-la passar nos bosques, nos jardins, nas árvores, nas flores, nas casas dos homens.

Manifesto à Chama Violeta

Eu sou a chama violeta.

Eu sou um ser cósmico.

Eu sou um poder.

Eu sou uma potência.

Eu sou a misericórdia divina, porque com a chama violeta eu consumo todas as formas-pensamento nefásteis e maléficos que criei ou que outros projetaram contra mim. Em breve, eu consumo tudo o que não é luz.

A chama violeta envolver-me-á e passará em meus ossos, meus músculos, passará pelas minhas veias, em meus nervos, em todas as minhas células e consumirei tudo o que não é belo em minha aura.

Consumirei o ódio, a discórdia, a inveja, a crítica. Purificarei meu corpo, meus pensamentos, meus sentimentos e desligarei todos os elos que criei com outras almas pela calúnia, crítica e discórdia.

Envia-me, chama violeta, a prestar serviço de caridade e amor aos meus amigos e supostos inimigos, e eu irei prestar serviço, envolvendo-os, purificando-os e libertando-os de todo o mal.

Envia-me aos confins da terra e eu irei.

Envia-me aos mares e oceanos e eu irei.

Envia-me às florestas e eu irei.
Envia-me aos bosques e clareiras, aos jardins e às casas dos homens e eu irei.
Envia-me às igrejas, aos conventos, aos hospitais, às prisões e eu irei.
Irei a toda parte onde desejar.
Eu sou a presença de Deus.
Eu sou o cósmico.
Eu sou a misericórdia divina.
Eu sou a potência.
Eu sou a Chama Violeta.

Incensos, Essências, Perfumes e seus Significados

Os incensos devem ser acesos somente quando se tem uma intenção. Antes de acendê-los, devemos nos concentrar e meditar sobre o que pretendemos para obter um resultado positivo. Todo o ritual deverá ser feito em um ambiente tranquilo, limpo e com bastante fé.

Tenha a certeza de que esta sagrada fumaça que sai dos incensos leva a Deus e aos Mestres os nossos pedidos.

Faça com fé.

INCENSOS

Alecrim .... *saúde*
Alfazema .... *levanta o astral*
Almíscar .... *amor e envolvimento*
Arruda .... *elimina a negatividade e ajuda na reconciliação*
Benjoim .... *sucesso*
Bálsamo .... *acalma o ambiente*
Cânfora .... *limpeza*
Camomila .... *relaxante*
Cravo .... *harmonia*
Canela .... *fartura*

Cravo e canela .... prosperidade
Dama-da-noite .... paixão
Eucalipto .... limpa o corpo
Floral .... grandes emoções
Flor de lótus .... amizade
Jasmim .... bons negócios
Maçã verde .... alegria
Morango .... simpatia
Ópio .... positividade
Patchuli .... desperta paixões
Rosa .... amor
Rosa-da-índia .... encanto
Rosa musgosa .... felicidade
Sândalo .... encanto
Verbena .... riqueza
Vetiver .... fartura
Violeta .... desejo

ESSÊNCIA DOS ORIXÁS

Erê .... alegria
Exu .... sorte no jogo
Iansã .... deusa do vento e tempestade
Iemanjá .... deusa da inteligência
Logum .... deus do encanto
Nanã .... deusa da vida
Obá .... princesa guerreira

Obaluaê	deus da terra
Ogum	deus guerreiro
Ossaim	deus da cura
Oxalá	deus da paz
Oxóssi	deus da fartura
Oxum	deusa do amor e da fertilidade
Oxumaré	deus da transformação
Xangô	deus da justiça

ESSÊNCIAS ESOTÉRICAS

Acácia	saúde
Água fresca	reativa a energia
Alecrim	prosperidade
Alfazema	levanta o astral
Almíscar	amor e envolvimento
Arruda	elimina a parte negativa
Bálsamo	acalma o ambiente
Benjoim	sucesso
Camomila	relaxante
Canela	fartura
Cânfora	limpeza
Celestial	reativa o equilíbrio
Colônia	felicidade
Cravo-da-índia	prosperidade
Dama-da-noite	paixão
Esotérico	doutrina

Espiritual .... *força interior*
Eucalipto .... *limpa o corpo*
Flor-de-laranjeira .... *melhora o humor*
Flor de lótus .... *amizade*
Flor-do-campo .... *afasta a tristeza*
Floral .... *grandes emoções*
Jasmim .... *bons negócios*
Lavanda .... *energia*
Limão .... *progresso*
Louro .... *prosperidade e riqueza*
Maçã verde .... *alegria*
Morango .... *simpatia*
Ópio .... *positivismo*
Patchuli .... *desperta paixões*
Rosa .... *amor*
Pinho .... *revitalizante*
Rosa-da-índia .... *encanto*
Rosa musgosa .... *felicidade*
Sândalo .... *encanto*
Verbena .... *riqueza*
Vetiver .... *fartura*
Violeta .... *desejo*

PERFUMES ESOTÉRICOS

Abre-caminhos .... *solução dos problemas*
Agarradinho .... *aproxima a pessoa amada*
Alfazema .... *levanta o astral*

Almíscar	amor e envolvimento
Amor	desperta o amor
Atração	atração e desejo
Atrativo do amor	atrai a pessoa amada
Atrativo oriental	atrai a pessoa desejada
Benjoim	sucesso
Chama-dinheiro	atrai dinheiro
Chama-freguês	atrai clientes
Cigana	desperta atração
Cigano	sedução
Colônia	bons fluidos
Cosme e Damião	bons negócios
Criança	felicidades
Dama-da-noite	paixão
Encanto	encanta a pessoa amada
Gamação	atrai a pessoa amada
Jasmim	bons negócios
Olho-grande	corta o olho-grande
Oxalá	deus da paz
Oxum	deusa do amor e da fertilidade
Preto-Velho	desmancha feitiços
Pega-namorado	conquista e sedução
Sândalo	encanto
São Jorge	santo guerreiro
Sorte	sorte
União	união
Vence-demanda	vence demanda
Verbena	riquezas
Xangô	deus da justiça
Zé Pelintra	afasta ladrão

ESSÊNCIAS MÁGICAS

Abre-caminhos .... solução de problemas
Agarradinho .... aproxima a pessoa amada
Água do céu .... prosperidade
Amansa .... domínio sobre o outro(a)
Amarração .... amarração
Amor .... desperta o amor
Atração .... atração e desejo
Chama-dinheiro .... atrai dinheiro
Chama-freguês .... atrai clientes
Cigana .... desperta atração
Dandá .... elimina a negatividade
Gamação .... atrai a pessoa amada
Olho-grande .... afasta o olho grande
Pega-homem .... conquista e sedução
Pega-mulher .... conquista e sedução
Pega-namorado .... conquista e sedução
Paz .... paz
Pomba-Gira .... desperta interesse
Sorte .... sorte
União .... união
Vence-demanda .... vence demanda

Falando sobre Cores, Números e suas Energias

A cromoterapia é um tratamento de altíssimo valor quando bem-feito e bem-empregado.

Existem pessoas que, com certeza, já foram curadas pela cromoterapia e também com aplicações de cristais nos chacras.

O uso das cores no nosso dia a dia é muito importante para a nossa própria elevação e bem-estar.

Quando usamos a cor que até mesmo pela numerologia nos é indicada, é clara e lógica a mudança que sentimos, pois o efeito das cores em nossas vidas é fundamental.

As cores representam papel de maior importância no nosso dia a dia, atuando no nosso físico, emocional, mental e também no espiritual.

Até as notas musicais têm suas cores correspondentes.

As pedras, que são fontes de energia para nossa vida, também são usadas em determinados casos de acordo com a cor, como nas aplicações nos chacras.

Para cada chacra é aplicado um cristal diferente, e cada cristal com sua cor e sua energia corresponde a determinada necessidade.

Até mesmo as cores dos móveis, paredes, determinados objetos de nossa casa, as cores de nossas roupas, têm muito a ver com as energias que recebemos.

Se em tudo o que fizermos colocarmos as cores como algo fundamental, garanto que tudo se fará mais fácil e trará mais energia, ou seja, a energia certa para cada caso. Assim acontecerá o sucesso em todos os sentidos.

COMO ENERGIZAR SUA ÁGUA PELA COR

Coloque no Sol por uma hora (em dias nublados, por três horas) água em uma garrafa de vidro na cor que deseja que seja energizada. Caso não tenha a garrafa da cor que deseja, da cor que deseja, embrulhe uma de vidro transparente em papel celofane da cor escolhida. Essa água, depois de preparada, não poderá ser guardada na geladeira e deve ser usada três vezes ao dia.

PAPEL VERMELHO – cansaço, depressão, anemia, deficiência circulatória.

PAPEL LARANJA – rins, problemas ovariano/menstruais, asma, febre, reumatismo, inflamações renais, timidez, culpa.

PAPEL AMARELO – estimula o cérebro, o plexo solar, favorece o autocontrole, alivia males do fígado, estômago e hemorroidas.

PAPEL VERDE – problemas emocionais e físicos do coração, dores de cabeça, câncer, gripe.

PAPEL ROSA – promove a harmonia e a paz interior, cura medos e decepções, medo de viver, mágoas, reconforta com vibrações de amor, recupera a autoestima.

PAPEL AZUL – todas as doenças da garganta e da cabeça, palpitações, diarreias, nervosismo, traumas, estresse, dá lucidez, favorece a comunicação.

PAPEL ÍNDIGO – doenças do pulmão, convulsões infantis, doenças nervosas, obsessões, falta de fé ou excesso de religiosidade.

PAPEL VIOLETA – câimbras, neuroses, doenças do couro cabeludo, olheiras, faz perder o medo da morte.

NOTA: Quando este trabalho de energização for feito, é preciso colocar muita fé e usar toda a sua confiança. A água receberá além da energização a força divina, que é a fluidificação.

OS NÚMEROS E SUAS CORES

A numerologia é um maravilhoso método para ajudar as pessoas a progredir na vida, a se conhecer melhor, a descobrir seu talento, sua capacidade, a se preparar melhor para as possíveis dificuldades da vida, conduzindo e orientando para uma melhor adaptação. Muitos pensam que numerologia é adivinhação, mas não é. A numerologia é um estudo desenvolvido para calcular por meio dos números as suas tendências. Muito antes de o alfabeto ser inventado, antigos eruditos estudaram a ciência dos números para se guiarem na vida cotidiana.

Cada letra tem seu valor numérico e se relaciona com uma cor, sendo que cada cor tem sua importância. Assim, por meio do nome de uma pessoa, é possível descobrir e chegar a uma conclusão sobre o seu equilíbrio, tanto mental como físico.

Vou mostrar como você deverá fazer para descobrir os números que estão ligados ao seu nome. Para isso, é preciso aprender a relação entre números e letras, que é muito simples. Veja a tabela abaixo:

1	2	3	4	5	6	7	8	9
A	B	C	D	E	F	G	H	I
J	K	L	M	N	O	P	Q	R
S	T	U	V	W	X	Y	Z	

Cada número tem sua cor. Veja:

1 – vermelho

2 – laranja

3 – amarelo

4 – verde

5 – azul

6 – anil

7 – violeta

8 – rosa

9 – branco ou ouro

Agora escreva seu nome completo e veja na tabela o valor de cada letra. Verifique as letras que você tem em maior ou menor quantidade e as que não tem. Cada número corresponde a uma cor, e seria bom que pudesse equilibrá-las, usando, por exemplo, uma roupa da cor que falta em seu nome.

Exemplo:

MARIA   APARECIDA   TUNES
4 1 9 9 1   1 7 1 9 5 3 9 4 1   2 3 5 5 1

Valor total da soma dos números: 80, que é igual a 8, quando reduzido a um só algarismo.

Nesse caso, faltam-lhe no nome os números 6 e 8 – o anil e o rosa.

OS SIGNIFICADOS DAS CORES DE CADA NÚMERO

1 – VERMELHO

O vermelho desenvolve e estimula o físico e o sistema nervoso. O uso desta cor é muito bom para levantar a autoestima e espantar o baixo-astral. Na parte física, é ótimo para o tratamento de circulação, anemia e fraqueza. A sua falta pode trazer perda de iniciativa e de autoconfiança.

2 – LARANJA

A cor laranja traz emoções e uma maneira mais tranquila de viver. Revigora a mente, produzindo sensação de bem-estar. Esta cor pode ser usada para tratar das doenças de asma, bronquite, problemas renais e até dores musculares. Sua falta traz ansiedade e impaciência, proporcionando assim dificuldades de adaptação.

3 – AMARELO

Esta cor simboliza o ouro e irradia otimismo e alegria, combatendo assim a depressão. Está associada ao tratamento dos males do estômago, fígado e intestino. Sua falta pode causar timidez e até medo de críticas.

4 – VERDE

O verde é um relaxante orgânico, agindo e estimulando todo o sistema nervoso. É muito bom para ajudar no tratamento de hipertensão, insônia e dores de cabeça. Sua falta traz desorganização.

5 – AZUL

Todos os tons de azul trazem sensação de esperança, serenidade e calma. O azul está sempre associado ao tratamento de dores de garganta, laringite, rouquidão e age também nas erupções da pele.

6 – ANIL

Esta cor alivia as inibições e age contra o medo do amanhã e de coisas desconhecidas. Auxilia no tratamento mental e traz ainda bem-estar, sendo coadjuvante no combate aos males dos ouvidos e olhos. A sua falta traz medos e frustrações.

7 – VIOLETA

A cor violeta acalma, relaxa, inspira e estimula a criatividade. Ajuda também a acalmar nevralgias, dores reumáticas e renais. Sua falta traz o medo da rejeição e da incompreensão.

8 – ROSA

A cor rosa é fundamental para estimular grandes emoções, principalmente as do amor. Auxilia no formigamento e na má circulação. Sua falta traz problemas emocionais e desânimo.

9 – BRANCO OU OURO

Esta cor pode ser considerada uma grande coadjuvante para a melhora integral do corpo e da mente. Sua falta pode trazer instabilidade emocional.

ATENÇÃO

Procure usar a cor que lhe falta em seu nome, escolhendo peças de roupas correspondentes. E, se faltar a cor rosa, use presa a um cordão uma pedra de quartzo rosa, que, além de lhe fazer bem, trará sorte no amor.

Chacras e Aplicações de Cristais

MELHORE SUA VIDA COM A TEORIA DOS CHACRAS

Chacra é uma palavra do sânscrito que significa roda.

Os Chacras estão localizados no nosso corpo e são designados como centros de força ou vértices energéticos.

Uma de suas funções é conectar o corpo intermediário ao corpo de carne ou corpo denso tendo como finalidade catalisar energias vitais que passam para os plexos orgânicos e absorver uma determinada medida de energia correspondente a uma cor.

Essa energia percorre o caminho em ondulações, como ondas de luz, e qualquer desequilíbrio dos chacras afeta as glândulas correspondentes, levando a grandes distúrbios, que ocorrem pelas alterações na rotação do chacra em desequilíbrio, o qual passa a girar no sentido anti-horário.

Pelo que já li, em vários livros de estudiosos, temos mais de dez mil chacras espalhados em nosso corpo. Mas os principais são sete:

1 – chacra básico
2 – chacra esplênico
3 – chacra gástrico ou umbilical (solar)
4 – chacra cardíaco

5 – *chacra laríngeo*
6 – *chacra frontal*
7 – *chacra coronário*

CHACRA BÁSICO

Este chacra está situado na base da espinha dorsal. É o condutor do famoso "fogo serpentino", mais conhecido pelos hindus como chacra kundalíneo. Sua cor é o vermelho com quatro vórtices. Atua nos órgãos do aparelho genital, reprodutor, útero e próstata. Abrange a alimentação, o equilíbrio, a saúde e as finanças. Tem a função de captar e distribuir a força primária para todo o organismo. Nessa região, tratam-se as doenças do sangue, do fígado, da bexiga, inflamações, hemorragias, e qualquer anomalia dos órgãos relacionados. Seu desequilíbrio pode causar problemas sérios de coluna e hemorroidas, podendo até manifestar impotência sexual e frigidez.

CHACRA ESPLÊNICO

Situa-se na altura do baço. É da cor laranja e de excessivo magnetismo; possui oito vórtices. Atua no baço, fígado, pâncreas, e é importantíssimo para a secreção das glândulas e órgãos endócrinos. Abrange a sexualidade e as emoções. Por meio dele, tratam-se as doenças da bexiga, problemas na menstruação, cólicas, diarreias, etc. O desequilíbrio deste chacra pode afetar o sistema digestivo, causando alterações das substâncias químicas nos intestinos e no estômago.

CHACRA SOLAR

Situado na altura do umbigo, abrange o fígado, os intestinos, os rins e demais órgãos do abdômem. Este centro de forças atua no metabolismo e assimilação dos alimentos ingeridos pelo homem. Quando é muito desenvolvido, faz aumentar as emoções e sensibilidades existentes no ambiente onde atua. Sua cor é o amarelo e possui 10 vórtices. Por este chacra, tratam-se as doenças de paralisia, dores de cabeça e doenças dos ossos. É ligado às emoções do poder pessoal, pois abrange a autoconfiança, a vitalidade e a energia. Seu desequilíbrio pode causar medo e provocar até sensações de raiva. Este chacra é considerado mental e o vínculo da mente com as emoções. Seu desequilíbrio traz timidez, egocentrismo e vários outros problemas que geram grande possibilidade de raiva e violência.

CHACRA CARDÍACO

Está na altura do coração. Sua cor é o verde, com 12 vórtices, e exerce grande influência na circulação sanguínea. Alimenta o coração, vasos sanguíneos e é responsável pelo bom funcionamento do sistema imunológico. Regula as emoções, controla a integração de nossas forças superiores e inferiores. Quanto mais aberto este chacra, maior será a capacidade de amar, pois ele abrange amor e sentimentos. Sua harmonia acentua realizações positivas nas coisas da vida. Quando desequilibrado, provoca bloqueios e prejudica a autoestima, gerando problemas de relacionamento com o mundo exterior e trazendo sensação de vazio no peito.

CHACRA LARÍNGEO

Situa-se no centro do pescoço. Sua cor é o azul, com 16 vórtices. Está ligado a tireoide, vias respiratórias, cordas vocais, brônquios e pulmões. A característica deste chacra é a vitória. Proporciona satisfação nas tarefas da vida da pessoa, mantendo-a bem-sucedida. Abrange comunicação e relacionamento. O desequilíbrio deste chacra traz vertigens, asma, obesidade, etc.

CHACRA FRONTAL

Este chacra está entre as sobrancelhas e influi sobre os demais, coordenando todo o sistema de glândulas endócrinas, sustentação dos sentidos e orientação do sistema nervoso em sua organização e mecanismo. Influi também na vidência. Sua cor é o índigo, com 96 vórtices. Alimenta a parte inferior do cérebro, olho esquerdo, nariz, ouvido. Seu desequilíbrio provoca medo do futuro, manifestando ideias confusas, fantasmas e levando a pessoa a ter pertubações e alucinações.

CHACRA CORONÁRIO

Está situado no centro de nossa cabeça. Sua cor é o violeta, com 960 vórtices. Recebe energia diretamente do Plano Superior, orientando a forma, o metabolismo orgânico e a vida consciente da alma. É responsável pela maior captação de energia cósmica. Associa a conexão da pessoa com a espiritualidade, integrando o mental e o espiritual. Abrange a inteligência, o entendimento e a sabedoria. O desequilíbrio deste chacra deixa a pessoa fora de sintonia com a própria espiritualidade e pode provocar depressão.

APLICAÇÕES DE CRISTAIS NOS CHACRAS

CHACRA BÁSICO – *quartzo fumê, turmalina negra*

CHACRA ESPLÊNICO – *quartzo rosa*

CHACRA SOLAR – *esmeralda e quartzo verde*

CHACRA CARDÍACO – *quartzo rosa, citrino, topázio*

CHACRA LARÍNGEO – *água-marinha, quartzo rosa*

CHACRA FRONTAL – *ametista, citrino, quartzo rosa*

CHACRA CORONÁRIO – *quartzo límpido*

A Cura com os Cristais e como Energizá-los

As forças poderosas dos cristais e suas propriedades curativas provêm da natureza. Os cristais podem agir de várias maneiras a nosso favor. Promovem a autoconfiança, dando-nos condições de acreditar mais em nossas próprias forças. Ao recebermos a aplicação dos cristais em contato com nosso corpo, podemos sentir as boas vibrações vindas dos mesmos e, se acreditarmos na força, nas ondas, nas cores, na luz, surgirá então um grande efeito e até mesmo a cura de muitos males e enfermidades. A energia das pedras preciosas é pura e grandiosa. A aplicação das pedras nos chacras é um trabalho de resultados em vários sentidos, principalmente quando colocadas nas partes doentes do corpo. Existe uma grande quantidade de cristais e devemos fazer uso deles, pois nos é de grande serventia. Exemplos:

ÁGATA

As ágatas têm várias tonalidades: pêssego, vermelho, cinzento, laranja, areia, marrom, negro, azul brilhante, esverdeado, além de vários traços, listras e padrões. As ágatas estão entre as mais antigas pedras. São curativas e ótimas se usadas como pingente. Protegem as mães durante a gestação e atrai o sexo oposto. Ainda trazem felicidades e riquezas financeiras.

ÁGUA-MARINHA

Sua coloração é azul-marinho, azul-clara, azul-esverdeada, translúcida e transparente. É a pedra do amor e da felicidade. Talismã forte dos marinheiros e amantes do amor, regenera a alma e a aura. Indicada para a cura de doenças respiratórias.

AMAZONITA

Sua coloração é verde, verde azulada, opaca e até transparente. É a pedra do poder positivo e do bem-estar, pois tranquiliza os nervos. É indicada para o sistema nervoso, tratamento dos brônquios e pulmões, liberando os espasmos.

ÂMBAR

Sua coloração é amarelo-clara, amarelo-escura, amarelo-mel, marrom, azulada, esverdeada, branco-leitosa, opaca e transparente. É indicado para artrite, artrose, dores nas costas, doenças nas juntas, pele, fígado, cabeça, estômago, dentes, etc. Esta pedra fortalece o corpo e a mente e tem um grande poder contra o reumatismo.

AMETISTA

Sua coloração vai do violeta-claro ao violeta-escuro, translúcido e até transparente. É indicada para o tratamento dos vasos sanguíneos, coração, pele, cabeça, nervos e até estresse. Esta pedra afasta a negatividade e traz paz e harmonia.

AVENTURINA

Sua coloração vai do verde-claro, verde-escuro, e do opaco ao translúcido. Seu uso é excelente para o equilíbrio profissional e é também um complemento para banhos de beleza. É indicada para olhos, cabelos, pele, unhas e células nervosas.

CITRINO

Sua coloração vai do amarelo-claro ao marrom-dourado, do transparente ao translúcido. É um cristal indicado para o sucesso profissional. Combate as energias negativas e proporciona a paz interior.

CRISTAL

Sua coloração é clara como a do vidro. É transparente, mas também pode ser leitosa. É altamente energético, promove o fluxo de energias.

ESMERALDA

De coloração verde-clara, verde-escura, verde-amarelada, transparente e translúcida. Este cristal é milagroso para o amor, para o rejuvenescimento, para a inteligência e para a comunicação. É altamente energético, pois promove o fluxo de energias cósmicas.

GRANADA

Sua coloração pode ser vermelha, vermelha-escuro e marrom-avermelhada. Este cristal é a pedra do fogo. Guardião da paixão e do amor, estimula também o sexo. É indicado para o cansaço sexual, abatimento, gestantes, pênis, vagina, próstata, etc.

HEMATITA

Sua coloração é cinza, do cinza-aço ao negro, e é opaca. Este cristal traz o equilíbrio emocional, absorve as baixas energias e protege contra a magia negra. É indicado para o desequilíbrio menstrual, prisão de ventre, etc.

JASPE VERMELHO

Sua coloração é vermelha, vermelha-escura, e é opaca. É uma pedra muito importante e poderosa, pois ativa a energia sexual e protege as mulheres na maternidade. É indicada para o sistema nervoso, excesso de peso, acúmulo de gorduras.

LÁPIS-LAZÚLI

De coloração azul-real a azul-esverdeada, azul-clara, azul-escura, este cristal é uma pedra semipreciosa. Ele aumenta nossas energias positivas, estimulando a nossa intuição e proporcionando assim um grande poder de meditação.

MALAQUITA

Sua coloração é verde-clara, verde-negra, esverdeada e opaca. É a pedra do equilíbrio e do sucesso. Indicada para os órgãos da respiração, para asma e dificuldades respiratórias.

PEDRA-DO-SOL

Sua coloração é amarelada, alaranjada, marrom-amarelada. É uma pedra para meditação, força, luz. Combate também depressão e melancolia.

PIRITA

Sua coloração pode ser amarelo-latão, amarelo-acinzentada, amarelo-dourada e brilhante. Esta pedra reduz a ansiedade e realiza sonhos, atraindo riquezas.

QUARTZO ROSA

Sua coloração vai do rosa forte ao pálido, e é transparente. É uma pedra maravilhosa para incentivar o amor, regular as energias emocionais e tem também função calmante.

SODALITA

Sua coloração vai do azul ao azul-intenso, índigo com veios acinzentados e brancos, do opaco ao transparente. É indicada para o equilíbrio emocional e ativa o pensamento lógico.

MÉTODOS DE ENERGIZAÇÃO DOS CRISTAIS

ATENÇÃO

Tenha certeza de que, uma vez adquirido um cristal, você foi escolhido a cuidar dele com amor e carinho, atendendo a todas as suas necessidades básicas, ou seja, a limpeza e a energização. É como dar água e alimento a quem muito necessita. Você percebe facilmente que seu cristal está carregado de energias negativas quando ele perde o brilho totalmente.

SOPRO

Mentalize luz branca ou violeta, sopre sua pedra com clara intenção de limpá-la e de tirar dela toda a energia negativa. Inspire luz branca ou violeta e expire pela boca sobre o cristal.

CHUVA

Deixe sua pedra sob chuva forte e até sob relâmpagos. É um ótimo método de limpeza. Existe também uma maneira maravilhosa para energizar seu cristal, que é lavando e enterrando na terra por sete dias. Retire-o da terra e lave-o com bastante água e ele ficará brilhante.

SOL

Limpe a pedra e deixe-a diretamente sob a luz do Sol, de preferência na parte da manhã até o meio-dia.

LUA

É a energia mais feminina e mais intuitiva. Coloque sua pedra diretamente exposta ao luar (Lua Crescente ou Cheia).

SOL E LUA

Coloque a pedra exposta ao luar durante toda a noite até o meio-dia. É um tipo de energização bastante forte.

COM AS PRÓPRIAS MÃOS

Coloque a pedra entre as mãos e gire-a até esquentar, mentalizando passagem de energias de suas mãos para ela. Utilize também o método da respiração para recarregá-la, inspirando luz branca e expirando-a carregada de força para dentro da pedra.

COM ÁGUA E SAL GROSSO

Lave bastante seu cristal com água corrente e depois coloque-o em um recipiente de vidro transparente com água e sal grosso. Deixe até o outro dia e retire antes do meio-dia. Depois, lave-o novamente embaixo da torneira. Não deixe que ninguém coloque as mãos nele.

CACHOEIRA

Tome bastante cuidado, pois as pedras podem querer voltar para o seu meio e poderão facilmente escapar de suas mãos se não segurá-las bem. Segure por alguns instantes seu cristal enquanto recebe as águas da cachoeira tranquilamente. Se quiser, pode também colocar todos os cristais em um pano fino, amarrar como se fosse uma trouxa e deixar que receba bastante água da cachoeira.

DEFUMAÇÃO

Acenda um incenso, de preferência de limpeza, e deixe que sua fumaça encubra o cristal, defumando todas as suas faces e toda sua área pelo tempo que achar necessário.

DRUSA (PARA LIMPEZA DE PEDRAS PEQUENAS)

Coloque suas pedras sobre uma drusa de cristal de quartzo branco e deixe-as por bastante tempo, até achar que estão limpas e recarregadas. A drusa por si só, por conter várias pontas de cristal, é autolimpante.

ÁGUA E AÇÚCAR

Não deixe nunca seu cristal ficar carregado; tenha o cuidado de toda semana limpá-lo com bastante açúcar cristal e água em abundância. Ele ficará brilhante, limpo e também energizado.

As Forças da Natureza

OS QUATRO ELEMENTOS DA TERRA

As quatro forças primitivas da natureza – TERRA, ÁGUA, AR e FOGO – sempre tiveram muita importância na tradição cigana e esotérica. A seguir, estão relacionados os seres elementares mágicos que habitam essas forças primitivas e podem ser percebidos nos rituais orientais:

ELEMENTO ÁGUA

Segundo a mitologia, a água dos rios, mares, cachoeiras e cascatas é um símbolo universal da energia feminina e está ligada à fertilidade e à maternidade.

A água tem dois significados básicos. A água salgada dos mares e oceanos recebe os detritos materiais e espirituais, e por isso é fundamental nos ritos de exorcismo. A água doce dos rios conduz uma energia vibrante que liga o ser humano a Deus.

No ritual, a água é representada pela taça de cristal e simboliza a essência divina. As ondinas também regem a água do corpo.

ELEMENTO TERRA

Gerados pelos elementos água e fogo, os gnomos são gênios de pequena estatura. Feios, porém bondosos. Segundo os cabalistas, presidem a terra e tudo o que nela contém.

Os gnomos cuidam da fecundidade da terra, que, na tradição, funciona como uma espécie de filtro magnético, o qual absorve as impurezas e as transforma em elementos puros. A Terra é representada no ritual iniciático pelas moedas. É a energia capaz de aliviar cargas negativas.

ELEMENTO AR

Os silfos são gênios do ar na mitologia céltica e germânica da Idade Média. Sua principal característica é a natureza dupla: uma é perceptível (a atmosfera), enquanto a outra, espiritual, mantém-se nos planos mais elevados do Universo.

Por isso, o ar atua como material e espiritual. Nos rituais, ele é representado pelo incenso, que libera as energias.

ELEMENTO FOGO

A salamandra é o gênio que governa o fogo e nele vive. As salamandras governam todo e qualquer tipo de fogo existente na Terra. O fogo é o princípio de tudo, por isso é associado às religiões. Esse elemento simboliza a alma e a vida humana, a energia cósmica, o divino, a energia sexual, a afetividade, as paixões e é considerado o mais poderoso dos quatro elementos.

No ritual, o fogo é representado pela chama das velas e das fogueiras e indica a ligação entre matéria e espírito.

Dicas Importantes

Nunca dê de presente lenços ou perfumes a namorado ou namorada e até mesmo a amigos. Se fizer isso, peça uma moeda a quem ganhou o presente e guarde-a para sempre.

Deixe sempre atrás da porta principal de sua casa um copo com água, três pedras de carvão vegetal e um dente de alho roxo. Isso afastará pessoas invejosas e maus fluidos.

Nunca deixe por muito tempo roupas no armário sem usá-las. Isso significa energias paradas. Portanto, reforme-as ou as dê de presente a quem precisa.

Tente afastar pensamentos não positivos de sua mente por meio da oração a Deus. Pense sempre positivo. Somos hoje o que pensamos ontem e seremos amanhã o que pensamos hoje.

Esqueça o passado, viva o agora como presente de Deus e entregue a Ele seu futuro.

O passado é um fantasma, o presente é uma dádiva de Deus, e o futuro é um mistério. Portanto, viva o agora, pois dele você tem certeza.

Acredite e confie em você. Se agir assim, conseguirá alcançar todos os seus objetivos com muito mais facilidade, pois a força do pensamento e a certeza maior está na sua forte vontade de ser.

Por meio da prece a Deus, peça a Ele que as cicatrizes do passado desapareçam por intermédio do amor do seu coração. Seja forte, liberte-se das mágoas por amor a si mesma.

Quando se sentir triste, vá até um espelho, olhe bastante, bem dentro dos seus olhos, e depois tente sorrir para si mesma. Você vai ter uma surpresa.

Nunca sofra ou chore por alguém. Se ele a fez chorar, ele não mais merece o seu amor. Liberte-se. Outro alguém espera para fazê-la feliz.

Lute! Nunca desista dos seus ideais. Todos os dias chegam com novas forças. Você pode competir, mas um dia também tem de ganhar. Acredite, vá à luta e vença!

MADRAS® Editora
CADASTRO/MALA DIRETA

Envie este cadastro preenchido e passará a receber informações dos nossos lançamentos, nas áreas que determinar.

Nome _____
RG _____ CPF _____
Endereço Residencial _____
Bairro _____ Cidade _____ Estado _____
CEP _____ Fone _____
E-mail _____
Sexo ❑ Fem. ❑ Masc.   Nascimento _____
Profissão _____ Escolaridade (Nível/Curso) _____

Você compra livros:
❑ livrarias   ❑ feiras   ❑ telefone   ❑ Sedex livro (reembolso postal mais rápido)
❑ outros: _____

Quais os tipos de literatura que você lê:
❑ Jurídicos   ❑ Pedagogia   ❑ Business   ❑ Romances/espíritas
❑ Esoterismo   ❑ Psicologia   ❑ Saúde   ❑ Espíritas/doutrinas
❑ Bruxaria   ❑ Autoajuda   ❑ Maçonaria   ❑ Outros:

Qual a sua opinião a respeito desta obra? _____
_____

Indique amigos que gostariam de receber MALA DIRETA:
Nome _____
Endereço Residencial _____
Bairro _____ Cidade _____ CEP _____

Nome do livro adquirido: *Magias e Encantamentos Ciganos*

Para receber catálogos, lista de preços e outras informações, escreva para:

MADRAS EDITORA LTDA.
Rua Paulo Gonçalves, 88 – Santana – 02403-020 – São Paulo/SP
Caixa Postal 12183 – CEP 02013-970 – SP
Tel.: (11) 2281-5555 – Fax.:(11) 2959-3090
www.madras.com.br

MADRAS® Editora

Para mais informações sobre a Madras Editora,
sua história no mercado editorial
e seu catálogo de títulos publicados:

Entre e cadastre-se no site:

www.madras.com.br

Para mensagens, parcerias, sugestões e dúvidas, mande-nos um e-mail:

marketing@madras.com.br

SAIBA MAIS

Saiba mais sobre nossos lançamentos,
autores e eventos seguindo-nos no facebook e twitter:

@madrased

/madraseditora